Libro 4

ABRIR PASO

Libro de lectura y vocabulario

Eva Neisser Echenberg

> *A la memoria de mis padres*
> *"Lo que se aprende en la cuna, siempre dura"*

MIRAFLORES

P.O. Box 458 Victoria Station, Westmount
Montreal, Quebec H3Z 2Y6 Canada
Telephone: (514) 483-0722
Fax: (514) 483-1212
e-mail: miraflores@sympatico.ca
Internet: http://www.miraflores.org
Printed in Canada

Legal Deposit
National Library of Canada,
2nd trimester, 2000
National Library of Quebec,
2nd trimester, 2000
ISBN 2-921554-04-6 (First edition)
ISBN 2-921554-08-9 (Second edition)

ISBN 2-921554-61-5 (Third edition)

Authorizations:
- Antonio Muñoz Molina, *Córdoba de los omeyas*, Barcelona:
  Editorial Planeta S.A. 1991
- Antonio Mingote, *Hombre atónito*, MYR Ediciones, Madrid, 1976
- J.H. Elliott, *España y su mundo*. Alianza Editorial, Madrid 1990
- Ricardo de la Cierva, *Yo, Felipe II*, Editorial Planeta S.A.,
  Colección Memoria de la Historia, 1989
- © Esmond Choueke, 1987
- © Quipos / Quino

Photography (cover): Michelle Green Echenberg
Graphic Design: Ink Spot Creation

ABRIR PASO – LIBRO 4

CAPÍTULO	TEMA	VOCABULARIO	GRAMÁTICA	DISCUSIONES Y DEBATES	TAREAS
ARGENTINA					
1. **El tango**	música / baile	fiesta, música	pretérito / imper.	1. bailes 2. música/o	música/o, vídeos
2. **La carne**	vida diaria	animales domésticos	acentos	1. comida 2. región	pasatiempo, vegetariano
3. **Buenos Aires**	historia / geografía	lugares públicos	voz pasiva	1. inmigración	inmigración, ciudad
Nota cultural: la hora				2. universidad	
CHILE					
4. **Los Lagos**	turismo	mundo natural	subjuntivo	1. lugar turístico 2. descrip.	carta; información
5. **Violeta Parra**	música	instrumentos	subjuntivo	1. música 2. vídeos	conjunto musical
6. **La ecología**	ecología	frutos, hortalizas	subjuntivo	1. mostrar y explicar frutas	productos químicos
7. **C. Quintana**	historia / vida indiv.	cuerpo humano	subjuntivo	1. accidente 2. muerte	individuo ej.; muerte
Nota cultural: la cortesía					
URUGUAY Y PARAGUAY					
8. **El español de...**	lingüística	lengua	subjuntivo	1. lengua 2. degeneración	trabajo de biblioteca
9. **El Galpón**	teatro	teatro	subj./puntuación	1. fuerza del arte 2. cárcel	experiencia singular
10. **Los jesuitas**	historia / religión	conquista (verbos)	por / para; pretérito	1. paternalismo 2. teocracia	comunidad religiosa
11. **País bilingüe**	historia / lingüística	escuela	condicional	1. sofocar lengua	aprender lenguas
Nota cultural: saludos y despedidas				2. aprender una lengua	
ESPAÑA					
12. **El olivo**	ecología	mesa, árbol	condicional perf.	bocado	producto comestible
13. **Córdoba hace...**	turismo / vida diaria	religión	futuro, f. perfecto	dos cordobeses	trabajo de biblioteca
14. **Felipe II**	historia / vida indiv.	imperio	imperf. subjuntivo	transmisión de informción	vida imaginaria
15. *Las meninas*	pintura	pintura, guerra	----------	1. Goya 2. caricaturas	describir un cuadro

Índice

Prólogo

Propósito.

Para poder comunicar verdaderamente con otra persona, sobre todo con alguien de otra cultura, es necesario no sólo aprender su lengua, sino también saber algo sobre su país, su forma de vivir, su cultura en general. El propósito de este pequeño volumen es ayudar al alumno a hacerse una idea básica sobre algunos países del mundo hispano, mientras desarrolla un conocimiento mayor de la lengua. El volumen trata los siguientes países:

• Argentina, Chile, Uruguay, Paraguay y • España.

La organización del volumen, quince lecciones, corresponde al cuarto semestre al nivel colegial y al cuarto año al nivel secundario. El concepto geográfico y cultural, ya empezado, se extiende.

El volumen también permite al profesor la libertad de emplear algunos ejercicios en clase y dar otros de tarea.

La lectura.

Entre los muchos aspectos de la lengua, la lectura ha sido casi olvidada como útil de enseñanza. Es importante volver a emplearla, dado que sirve no sólo en el español, sino como un elemento básico. La comprensión del lenguaje escrito ayuda al alumno a aprender la organización de ideas, analizarlas y finalmente aprender a pensar y escribir. La ventaja de lecturas organizadas por nivel es que le permiten aumentar su vocabulario de manera eficaz. El estudiante aprende a reconocer los cognados entre su idioma y el español, semejanzas que al profesor muchas veces le parecen obvias, pero que no lo son tanto para el alumno. Las oraciones de los textos son más complejas, el vocabulario un tanto más difícil y el nivel de dificultad está ligado al de un estudiante que habla, lee y escribe a un nivel intermedio.

Metodología.

Todos los capítulos tienen las siguientes partes:

1. **Pre-lectura.** Sirve de introducción al tema y lo liga al mundo del alumno.

2. **Vocabulario anterior a la lectura.** Este ejercicio obliga al estudiante a dar un vistazo al texto y así hacerse una idea global de él. Este ejercicio evita que el alumno empiece la lectura, haciéndola palabra por palabra, sin saber adonde se dirige.

3. **Texto.** El lenguaje utilizado es para un estudiante de nivel intermedio, quien ha estudiado el idioma por cierto tiempo.

4. **Comprensión del texto.** Los ejercicios permiten al alumno y a su profesor analizar el nivel de comprensión.

5. **Vocabulario.** Los ejercicios sirven para incrementar el vocabulario a través de prefijos, sufijos, sinónimos, antónimos y palabras derivadas.

6. **Gramática.** Se hace un repaso del subjuntivo, del condicional y de la voz activa y pasiva

7. **Oral.** Las preguntas se refieren a los temas de la pre-lectura y sirven de comparación entre el texto y el mundo del alumno.

8. **Composición.** Los temas de composición son variados y permiten al estudiante hablar de temas concretos.

9. **Lista de vocabulario.** Al final de cada capítulo se encuentra un vocabulario temático. No sólo están las palabras de la lección, sino una lista de vocabulario a la cual el alumno y su profesor podrán agregar palabras, según el caso.

10. **Segundo texto.** Sirve de contraste o de extensión del texto principal del capítulo, añadiendo elementos a los conocimientos generales del estudiante sobre el tema.

11. **La Red.** Palabras clave para que el estudiante pueda continuar la búsqueda sobre el tema y temas conexos.

Gracias.

Agradezco primero a mis alumnos sus preguntas y sus ideas, pues fueron ellos los que impulsaron este trabajo. Agradezco a mis colegas, sobre todo a los que emplearon los textos en sus salas de clases, y luego me dieron un sinnúmero de ideas. Me gustaría nombrar a algunos: María Babinski, Robert Caron, Diane Duchaine, Margo Echenberg, Sonsoles Fernández, Achille Joyal, Elisabeth Wörle-Vidal, Pierre Limoges, Marie-Claudine Rostaing, Eifion Pritchard. Agradezco también a los expertos en computación, Walter Neisser, Marina Ocampo e Ingrid Stockbauer. Sin su ayuda este volumen nunca hubiese aparecido.
El constante apoyo de Myron siempre me ha sido la mayor ayuda.

Tercera edición
Montreal, 25 de junio, 2000

Pre-lectura: ¿Tienes una opinión sobre el tango? ¿Qué evoca? ¿la pareja? ¿la sexualidad? ¿el romance? ¿bailarines muy hábiles? ¿Sabes bailarlo? ¿Has visto a gente que lo baila?

EL TANGO

Las siguientes definiciones explican las palabras dificultosas en el texto.
Lee las definiciones y luego **busca** y **escribe** las palabras correspondientes. El número indica el párrafo donde la palabra se encuentra.

Modelo:

1 caja donde se dispone el cuerpo del muerto; (sinónimo 'féretro'):
_____*ataúd*_____

1 persona que siente afición por una cosa:
_____

2 actor que representa cierto papel: _____

3 conjunto de palabras de una pieza musical destinada a ser cantada:
_____

4 natural de Buenos Aires; (sinónimo 'porteño'): _____

5 el/ la que administra la justicia en un tribunal público (canción):
_____

5 sirve para iluminar las calles (canción): _____

5 gran diversión fuera de casa; (sinónimo 'juerga') (canción): _____

Tienes 10 minutos para **leer** el texto, **hacer** la **síntesis** y el **ejercicio de comprensión**.

1 El 5 de marzo del año 1936 un barco trajo el ataúd con los restos mortales del cantante Carlos Gardel a Buenos Aires. Aquel día miles de personas formaron dos columnas para pasar delante del féretro y a la mañana siguiente la multitud llenó el cementerio municipal La Chacarita. Si tú visitas este cementerio, como lo hacen miles de turistas, sobre todo los aficionados al tango, verás que muchas de las 230 placas que cubren el mausoleo de Carlos Gardel dicen que "está vivo" porque en el corazón de su pueblo es "inmortal".

2 ¿Quién fue ese hombre que despertó tal emoción? ¿Por qué hoy, ya pasados más de sesenta años desde su muerte prematura en un accidente de aviación, todavía aparece entre los primeros en número de ventas de discos cada año? Carlos Gardel, ídolo de las masas, es un personaje mítico, un gran intérprete del tango. La realidad que él guardó muy en secreto, es que nació en Francia, hijo de una relación ilícita, y que su madre, como tantos otros inmigrantes, llegó a Buenos Aires cuando Carlos era muy niño. Gardel empezó su carrera cantando en bares, pero en poco tiempo su voz conquistó primero el continente americano y luego el europeo. Desde un principio sus discos fueron muy populares en Buenos Aires y una vez que empezó a dar conciertos en Europa, lo mismo ocurrió allí. Actuó en el cine tanto en Europa como en los Estados Unidos y se destaca por ser uno de los primeros artistas considerados como una estrella internacional.

3 El tango fue la música de los inmigrantes y campesinos que, hace unos cien años, vinieron a hacer fortuna en Buenos Aires pero no tuvieron éxito. Empezó sólo como música para bailar, pero muy pronto pasó al tango canción, eco de las vidas de los grupos marginales de Buenos Aires. Expresa la desilusión y también el ambiente de Buenos Aires: su nerviosismo, su mal humor y su nostalgia. En aquella época bailar el tango en los barrios populares de Buenos Aires era un acto de rebelión: el baile manifestaba en público la atracción sexual; la letra de las canciones, aunque no eran de ninguna manera canciones de protesta, expresaba la frustración de las masas.

4 Con Gardel el tango tuvo gran éxito en Europa, aunque en aquella época su abierta sexualidad fue criticada por muchos. Tal fue la oposición que el Papa Pío X lo prohibió. La calle bonaerense contestó al Vaticano con un tango que dice:

Dicen que el tango tiene una gran languidez,
por eso lo prohibió Pío diez.

5 Los textos de las canciones, siempre sentimentales y pesimistas, son opiniones masculinas que combinan la ilusión del amor con su realidad. En la letra de los tangos, la mujer es un "mal necesario", y la madre es una "santa". En el tango *Sentenciar*, un hombre explica al juez:

> *El cariño de mi madre, mi viejecita adorada,*
> *que por santa merecía, señor juez, ser venerada*
> *en la calle de mi vida fue como luz de farol.*

Sus temas también reflejan el mundo urbano de Buenos Aires y las dificultades para los más pobres de la ciudad. Los primeros tangos recuerdan con nostalgia un mundo rural; luego, la vida dificultosa de los obreros que trabajaban toda una semana para poder salir el sábado por la noche. El siguiente tango, *La última copa*, cuenta el olvido que los trabajadores buscaban bailando, escuchando y cantando tangos y evidentemente tomando.

> *Eché¹, amigo, no más echeme y llené*
> *hasta el borde la copa de champán,*
> *que esta noche de farra y de alegría*
> *el dolor que hay en mi alma quiero ahogar².*

6 El tango cruzó el océano, se refinó y se convirtió en un baile con una estilización exagerada. A principios de este siglo el tango conquistó Europa y desde aquella época se ha bailado en todos los países del mundo.

Síntesis

Escoge la oración que resume mejor el texto sobre el tango.

_____ 1. El tango es un conjunto de música, canción y baile que primero reflejó la miseria de los inmigrantes recién llegados a Buenos Aires. Ahora ya no se baila en todo el mundo.

_____ 2. El tango es un conjunto de música, canción y baile que al principio reflejó el nerviosismo y la desilusión de los trabajadores de Buenos Aires. Ahora el tango se baila en todo el mundo.

_____ 3. El tango es un conjunto de música, canción y baile que refleja la abierta sexualidad de Buenos Aires y que se baila mucho en esa ciudad.

---

¹ echar: *hacer caer un líquido en un recipiente*
² ahogar: *reprimir, sofocar, olvidar una pena*

Comprensión del texto

Lee las oraciones en el texto y **escoge** una de las siguientes respuestas:
verdad (V), falso (F) o no indicado (NI).

	V	**F**	**NI**
1. El tango comenzó con Carlos Gardel.	_____	_____	_____
2. El tango argentino es el menos estilizado, el más auténtico.	_____	_____	_____
3. El Papa Pío X prohibió el tango.	_____	_____	_____
4. Carlos Gardel murió en Colombia.	_____	_____	_____
5. El tango empezó como canción de protesta.	_____	_____	_____

Oral (en parejas)

1. "El tango se basa en la posesión de la mujer por el hombre". ¿Estás de acuerdo? Explica.

2. Explica la diferencia entre aquellos bailes donde la pareja baila abrazada y otros donde cada uno baila por su lado.

3. ¿Vas a fiestas? ¿allí se baila? ¿qué se baila? Si no se baila, ¿por qué no se baila?

4. Explica cómo son las discotecas donde tú vives. ¿Por qué van los jóvenes a las discotecas? Menciona un mínimo de tres motivos.

5. ¿Qué tipo de discotecas hay? ¿Se pueden clasificar por la música, por el público, por otra categoría? Da un mínimo de tres tipos de discotecas.

6. ¿Conoces lugares dónde se puede bailar el tango? ¿Sabes quiénes van a esos lugares? ¿Has ido? ¿Piensas ir?

7. ¿Sabes si en la ciudad donde vives hay escuelas de tango? ¿Dónde quedan? ¿Te gustaría aprenderlo?

Composición

Una composición **descriptiva** sobre la música y los músicos.

1. Un artista	2. Un grupo musical	3. Un compositor
4. Un vídeo	5. Una canción	

Gramática

1. El pretérito
EL BANDONEÓN

Escoge el verbo apropiado para cada espacio y **conjúgalo**.

cruzar	llamar	convertir
emplear	ser	convertir

El instrumento más representativo del tango es el bandoneón, instrumento de la familia del acordeón, pero más manuable, más pequeño y sólo con botones. Su inventor _____ el alemán, Heinrich Band, quien _____ al instrumento "band-unión" y que en su versión castellana se _____ en "bandoneón".

En Europa, campesinos bávaros y hamburgueses lo _____ para acompañar danzas folklóricas; luego _____ el océano con los inmigrantes y se _____ en el instrumento clásico del tango.

2. El imperativo

Los amigos de Juanita, estudiante de esta clase, viven en Buenos Aires donde son profesores de tango. Ellos la han invitado a pasar unos meses allí para que ella pueda aprender el tango. Ella no puede decidirse si va a ir o no y les pide consejos a sus amigas Anne y Nathalie.
Por favor completa los consejos:

ANNE	NATHALIE
1. ¡Acepta la invitación!	no _____
2. ¡Escríbeles hoy!	no _____
3. ¡Toma las clases!	no _____
4. ¡Vete a la escuela de tango!	no _____
5. ¡Hazlo!	no _____

Vocabulario

A. Escoge la palabra correcta y **escribe** la **letra** en el espacio.

    a. relaciono   b. relación   c. relaciona

1. El tango muestra una _____ muy tradicional entre el hombre y la mujer.

    a. dominio   b. dominante   c. dominios

2. Es una relación de _____ pues el hombre dirige y la mujer lo sigue.

    a. papel   b. papeles   c. papelitos

3. Se basa en la posesión de la mujer, con _____ muy estereotipados.

    a. estilizada   b. estilizado   c. estilizadas

4. El baile que se ve fuera de la Argentina, con muy pocas excepciones, es muy ____.

    a. mucho / mucha   b. mucha / mucha   c. mucho / mucho

5. Pero cuando los argentinos lo bailan es _____ más innovador, con más energía y sobre todo con _____ pasión.

    a. refinado   b. refinados   c. refinada

6. El tango bailado en otros países es más suave, más _____, pues tiene menos animalismo.

B. Los **sentidos** son cada una de las facultades localizadas en los órganos sensoriales, con las que los seres animados perciben el mundo exterior.

Escoge los órganos que empleamos para percibir los sentidos.

    ____ 1. oído   a. ojos
    ____ 2. gusto   b. nariz
    ____ 3. olfato   c. boca
    ____ 4. tacto   d. oreja
    _a_ 5. vista   e. manos, superficie del cuerpo

Cuando bailamos un tango **no** empleamos los siguientes sentidos:
_____ ni _____

SEGUNDO TEXTO ASTOR PIAZZOLLA

Después de Gardel, la figura de mayor proyección internacional fue el compositor de tangos, director de orquesta y virtuoso del bandoneón, Astor Piazzolla. Pero mientras que el público adoró a Gardel, la música de Piazzolla dividió a los porteños. Por un lado estaban los oyentes tradicionales del tango, aferrados[1] a las formas clásicas, y por otro lado los jóvenes y los espíritus abiertos que se identificaron con las innovaciones de Piazzolla. Natural de la Argentina, Piazzolla fue, hasta su muerte en el año 1992, el mayor innovador del tango, hecho que criticaron muchos fanáticos del tango tradicional.

Durante muchos años los programas radiales y televisivos no difundieron su música pues prefirieron el tango tradicional. En una entrevista un taxista de Buenos Aires resume la opinión general: Piazzolla – es un gran músico, pero lo que hace no es tango.

Piazzolla fue un músico culto, serio y erudito. Se dedicó tanto a la música clásica, escribiendo música de cámara, sinfónica y ballet como también tangos y milongas. Su estilo musical constituyó una mezcla de varios tipos de música: el rock, el jazz, el tango y la música clásica contemporánea. Aunque los oyentes tradicionales del tango no quisieron aceptar las innovaciones de Piazzolla, éste se destacó como uno de los músicos más originales del continente latinoamericano.

Síntesis

En tus propias palabras **resume** el texto sobre Astor Piazzolla en una sola oración.
Astor Piazzolla _____

_____

---

[1] aferrarse: *insistir en el mantenimiento de una idea u opinión*

Vocabulario temático
¿Sabes estas palabras? ¿Puedes añadir palabras a estas listas?

Fiesta		Música	Sentidos
bailar	festejar	canción (f.)	gusto
baile (m.)	jarana	cantante	oído
beber	juerga	clásica	olfato
celebrar	ligar	director	tacto
conversar	música	grupo musical	vista
copas	pareja	instrumento	
charlar	trago	letra	
discoteca	salir	musicalidad	
farra		músico	
		oyente	
		público	
		tradicional	

Oral

1. ¿Cómo se llama un músico o un grupo musical que le gusta a tu madre, tu padre u otra persona mayor y que a ti no te gusta?

2. ¿Por qué no te gusta? (musicalidad, canciones, instrumentos, letra, etc.) Da varias razones.

3. ¿Cómo se llama una música o un grupo musical que te gusta? Explica en detalle: el uso de instrumentos, sus cantantes, el sonido, la letra de las canciones, su musicalidad, etc.

4. ¿Cómo se llama un grupo contemporáneo que a ti no te gusta? Da tres razones para explicar por qué no te gusta.

Navegando por la Red
Si deseas más información, consulta:

1. **Música:** milonga; Cantantes: Julio Sosa, Roberto Goyeneche, Francisco Canaro (Urug.), Osvaldo Pugliese, Astor Piazzolla, Carlos Gardel, Pascual Contursi, Eladia Blázquez, Gerardo Matos Rodríguez (Urug.), Tita Merello, Susana Rinaldi

2. **Letra de las canciones:** Celedonio Flores, Homero Manzi, Enrique Santos Discépolo

3. **Política:** General José de San Martín, Julio A. Roca, Juan Manuel Rosas, Faustino Sarmiento, Juan Domingo Perón, Evita Perón, Jorge Rafael Videla, La Guerra Sucia, Carlos Saúl Menem, Desaparecidos, Madres de la Plaza de Mayo

4. **Dirección de Turismo Argentina**

Pre-lectura: ¿Te gusta comer carne[1]? ¿Qué carne prefieres? ¿Piensas que algunas son buenas y otras malas para la salud? ¿Cuáles?

DECIR ARGENTINA ES DECIR CARNE

Da un vistazo al texto y **encuentra** el tema principal de cada párrafo.

_7_ En la Edad de Oro, los nuevos inmigrantes comieron bien y estaban a gusto en la Argentina.

___ El consumo elevado de carne se da desde hace mucho tiempo.

___ La venta del ganado tiene una significación económica y política.

___ Hoy en día la ganadería es una industria considerable.

___ En una época, el cuero fue un producto muy importante.

___ A los Argentinos les encanta el bife.

_1_ En la Argentina comen mucha carne.

___ La pampa es un territorio propicio para muchos animales.

___ El gaucho y su caballo formaban parte integral de la pampa.

toro (macho)
   vaca (hembra) } ganado vacuno
      ternero (cría)[2]

carnero (macho)
   oveja (hembra) } ganado lanar
      cordero

1 Para un argentino, una comida sin carne es una comida incompleta pues según él, todas las comidas se deben hacer a base de carne y por carne ellos entienden sólo una: el bife[3]. El consumo de carne per capita en la Argentina es el más alto del mundo, unos 85 kilos de carne al año, casi dos veces y media más que los norteamericanos. En consecuencia, los médicos han constatado que esta nación tiene uno de los niveles de colesterol más altos del mundo.

---

[1] carne (f.): _principalmente los músculos de los animales que nosotros comemos_
[2] cría: _animal (o niño) mientras bebe la leche de su madre_
[3] bife (m.): _anglicismo (palabra del inglés) que significa bistec (otro anglicismo)_

2 ¿Por qué les gusta tanto la carne? Hay muchas razones. La primera es que en el pasado, en la Argentina no solamente había mucha carne, sino que ésta era o gratuita o muy barata. En realidad, los argentinos de hoy comen menos carne que aquellos que vivían en los siglos XVIII y XIX. En aquella época la carne era tan abundante y tan barata que la gente consumía sólo las partes más selectas.

3 Las vacas, los toros y las ovejas son animales que los españoles trajeron al Nuevo Mundo. Estos animales llegaron con los primeros exploradores y se multiplicaron rápidamente pues encontraron en el sudeste del continente un territorio inmenso, ideal para su desarrollo. Esta vasta extensión de tierra, llamada pampa, forma parte de la Argentina, el Uruguay y el extremo sur del Brasil. La pampa fue un territorio tan propicio que dos siglos después de su llegada había millones de reses[1] salvajes.

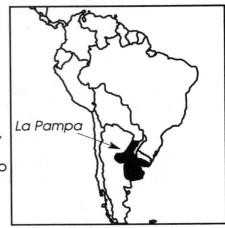

La Pampa

4 No solamente había reses salvajes; también había millones de caballos salvajes. Eran tantos que, cuando se divisaban de lejos, parecían bosques. Esta combinación de reses y caballos salvajes vio nacer a hombres dedicados a una ruda vida de campo. En los Estados Unidos este vaquero solitario e individualista del oeste americano se llama *cowboy*. Su equivalente argentino es el gaucho. El gaucho vivía entre su ganado. ¿Y qué comía? Pues naturalmente comía casi exclusivamente bife. Tanto en la Argentina como en los Estados Unidos hay toda una tradición, una mitología sobre el *cowboy* y el gaucho y un sinnúmero de libros, canciones, poemas y películas sobre ellos.

5 En el pasado había tantas reses en la pampa que todo se fabricaba a base de cuero[2]: muebles, paredes, techos[3]. Lógicamente este período se llamó la Edad del Cuero. El cuero también sirvió como producto de exportación y a fines del siglo XIX el cuero y la lana de las ovejas formaban la base de la economía argentina.

6 Ya que había tantas reses quisieron venderlas y exportarlas; en resumen, utilizarlas para fines comerciales. Al principio conservaron la carne con sal y la exportaron al Brasil y Cuba para alimentar a los esclavos. Luego, en el siglo XIX, se inventó la refrigeración y los barcos frigoríficos cambiaron radicalmente la economía del país.

---

[1] reses (f.): *ganado vacuno o lanar*
[2] cuero: *lo que cubre el animal (lo utilizamos para hacer zapatos, por ejemplo)*
[3] techo: *parte superior de un edificio*

En los primeros años de nuestro siglo la Argentina vendía el 40% de la carne de res vacuna del mercado mundial. Es importante subrayar que en la Argentina el ganado y el poder político son sinónimos. Los ganaderos han dominado no sólo la economía, sino también el poder político del país.

7 Entre los años 1880 y 1910 llegaron millones de inmigrantes y Buenos Aires creció considerablemente. Estos inmigrantes, quienes estaban acostumbrados a comer carne solamente en días de fiesta, estaban contentos y bien alimentados en Buenos Aires, pues allí había carne en abundancia. Desgraciadamente, esa época, la llamada Edad de Oro, fue de corta duración y terminó con la gran depresión mundial de los años treinta.

Argentina

8 ¿Y qué ocurre en nuestros días? La ganadería es aún un sector muy importante de la economía argentina. La Argentina exporta carne a muchos países del mundo, desde Kuwait hasta Nigeria y naturalmente a los países europeos. Dicen que en el año 1700 había 48 millones de reses, pero esta cifra es imposible de comprobar[1]. Hoy sí sabemos las cifras: hay 30 millones de argentinos y 60 millones de reses, dos reses vacunas por cada persona.

9 Desgraciadamente, aunque los argentinos consideran un buen bife asado[2] la forma ideal de comer, en nuestros días esto es un lujo. Pero cuando pueden y donde sea, los argentinos comen su bife, pues un buen asado es el pasatiempo más popular del país. Aunque el consumo de carne sea menor en nuestros días, se ve aún en los patios, en balcones, hasta en la calle, argentinos con su pequeña parrilla[3], preparando su bife.

---

[1] comprobar: *verificar*
[2] asado: *(asar) acto de preparar la carne sobre fuego*
[3] parrilla: *utensilio de metal para poner sobre el fuego*

Comprensión del texto

A. Completa con las palabras apropiadas:

1.　　El equivalente argentino del cowboy se llama el _____.

2.　　El anglicismo utilizado para la carne de res en la Argentina es _____.

3.　　El territorio donde viven las reses se llama la _____.

B. Emplea el subjuntivo para completar las frases.

Recuerda que el subjuntivo se emplea en la cláusula subordinada, después de muchas expresiones impersonales.

1.　Es probable que el ganado vacuno y el caballo _____

_____

2.　Es posible que el consumo de carne de res en la Argentina _____

_____

3.　Es sorprendente que la invención de la refrigeración _____

_____

4.　Es probable que la mejor época en la historia argentina _____

_____

Síntesis

Completa esta frase de manera que resuma el texto:

El ganado vacuno es _____

_____

Vocabulario

A. ¿Cómo se llama la carne de estos animales?

Completa el cuadro con

pollo	carne de cerdo	carnero	gallo	gallina	toro	res (o vaca)

Macho	**Hembra**	**Carne**
_____	vaca	carne de _____
carnero	oveja	carne de _____
cerdo	cerda	_____
_____	gallina	_____
		y _____

Emplea las palabras indicadas arriba.

1. El animal que da la leche se llama _____ _____.

2. La _____ está prohibida para judíos y musulmanes.

3. En España hay un espectáculo donde un hombre trata de dominar a un _____.

4. En español _____ _____ dice 'quiquiriquí'.

B. ¿Qué significan estos refranes?

1. "Más valen dos bocados[1] de **vaca** que siete de patata."

    ___ a. La vaca tiene siete veces más colesterol que las hortalizas[2] como la patata.
    ___ b. A la gente le gusta más la carne de vaca que las hortalizas como la patata.
    ___ c. La carne de vaca es siete veces más cara que la patata.

---

[1] bocado: *porción de comida que se toma en la boca*
[2] hortaliza: *verduras y demás plantas comestibles*

2. "De enero a enero, **carnero**." (refrán español)

   ___ a.   Es excelente comer carnero todo el año.
   ___ b.   Sólo se debe comer carnero en enero.
   ___ c.   De enero a enero se debe comer solamente carnero.

3. "A **caballo** regalado no le mires el dentado."

   ___ a.   No es necesario mirar los dientes de los caballos.
   ___ b.   No es bueno regalar caballos a causa de sus dientes.
   ___ c.   No hay que ser exigente con lo que no cuesta nada.

Oral

1. ¿Comes carne?
   2. ¿Qué carne prefieres?
3. ¿Qué carne consumes en mayor cantidad?
   4. ¿Comes pollo y pescado?
5. En la última semana, ¿cuántas veces has comido estos productos?
   6. ¿Eres vegetariano(a)?
7. ¿Conoces a personas que son vegetarianas?
   8. Indica las razones por las cuales una persona decide no comer carne.
9. ¿Te interesa o te es indiferente la comida que consumes?
   10. ¿Te interesa más el número de calorías o el valor nutritivo? ¿Por qué?
11. ¿Te parece que damos demasiado énfasis en mantenernos delgados y olvidamos el aspecto nutritivo de la comida? ¿Por qué?

Oral y / o composición

1. El pasatiempo favorito de los argentinos es la degustación del asado. Describe tu pasatiempo favorito.

2. Describe a un vegetariano. Indica qué come, qué no come y por qué es fácil o difícil ser vegetariano. Explica las dificultades que tiene con la familia, sus amigos, y con la sociedad en general.

SEGUNDO TEXTO   LA PATAGONIA Y EL PARQUE NACIONAL LOS GLACIARES

El triángulo al final del continente, la Patagonia, se caracteriza por ser árido y llano; sus pueblos son pocos y se encuentran a cientos de kilómetros los unos de los otros. La Patagonia es conocida por sus inmensas estancias de cría de ovejas que abarcan cientos de hectáreas. Pero la Patagonia también tiene otro aspecto, con características totalmente distintas. Al oeste, en su región andina, no sólo hay lagos, bosques y altas montañas, sino también glaciares que datan de la Era del Hielo, era que terminó hace 10.000 años. Para abrir la región al turismo, se ha creado El Parque Nacional Los Glaciares; éste se puede comparar con las Cataratas del Iguazú tanto por su belleza natural como por su importancia en el aspecto turístico argentino y sudamericano.

¿Por qué hay glaciares? Las tormentas del Océano Pacífico cruzan los Andes y en esta región las precipitaciones caen en forma de nieve. Tras miles de años de acumulación y con el peso, la nieve se convierte en hielo y el calor del verano no es suficiente para derretirlo. En el Parque Nacional Los Glaciares, éstos bajan hasta dos grandes lagos, el Lago Argentino y el Lago Viedma, que a su vez, crean el río Santa Cruz, el mayor de la Patagonia.

El Glaciar Moreno es el más famoso, por ser uno de los pocos glaciares del mundo que sigue creciendo. Al avanzar, el Glaciar Moreno se desliza dentro del lago como un río de hielo y poco a poco va cortando una sección del lago, el Brazo Rico. Luego, durante un período de cuatro años, el agua del lago va aumentando hasta que la presión es demasiado grande y la pared de hielo explota. Estar presente cuando se derrumba[1] el hielo, es todo un espectáculo.

No es necesario esperar cuatro años, pues a menudo caen pedazos inmensos, icebergs, que luego flotan en el lago. El momento del desprendimiento es impresionante no sólo por el impacto visual, sino también por el ruido. La fuerza del desplazamiento del agua es tal que se crean inmensas olas y éstas pueden ser sumamente peligrosas para los visitantes. Ultimamente los responsables del parque nacional han construido caminos de madera para que los espectadores no puedan acercarse tanto al agua y de tal modo el peligro para el público ha disminuido. Desde los caminos se puede ver, escuchar y fotografiar el glaciar ¿Piensas que merece una visita?

---

[1] derrumbar: *hacer caer una cosa*

El parque no se llama Parque Los Glaciares por gusto. Hay más de diez glaciares y varias compañias de turismo se dedican a organizar excursiones, sobre todo a los glaciares Moreno y Upsala. El Albergue del Glaciar, exclusivamente para jóvenes, es una forma muy amena de conocer a gente de otros países. Algunos jóvenes acampan cerca de los glaciares, otros hacen caminatas organizadas sobre el mismo glaciar, siempre con guías de la región.

Mientras los turistas más sedentarios están más a gusto en el Parque Los Glaciares, los que van en busca de aventuras visitan el Cerro Fitzroy. Sin duda alguna el Cerro Fitzroy y las montañas de alrededor son entre las más bellas y más desconocidas del mundo.

Alli se ha construido toda una red de caminos bien marcados desde los cuales las vistas a la cordillera son maravillosas. La flora y fauna de la región merecen una mención especial, sobre todo los inmensos cóndores.

En el pasado decían que en la Patagonia no había nada: ni gente, ni agua, ni árboles, ni montañas. Sin embargo, la realidad es otra pues la Patagonia tiene cada año mayor importancia económica. La actividad económica más conocida es la exportación de lana, pero también la industria agrícola está en pleno desarrollo y la región es rica en petróleo y otros carbonos. A éstos se añade el turismo en toda la región andina. Aún así, para la gran mayoría de argentinos ir a vivir en la Patagonia significa un exilio del mundo urbano, sobre todo de la metrópoli de Buenos Aires y pocos lo hacen a menos que sea necesario.

La Patagonia

A. Escribe la respuesta en el espacio correspondiente. ¿Ser, estar o hay?

1. La Patagonia _____ el triángulo al sur del continente sudamericano, 3.000 kilómetros con poca vegetación, pocos árboles y poca gente, salvo en su región andina.

2. La Patagonia _____ gigantesca pues abarca el 28% del territorio argentino.

3. En esta región _____ muy poca gente, pues sólo el 2% de la población argentina vive allí.

4. Allí _____ muchísimas estancias donde se crían ovejas.

5. En el oeste de la Patagonia _____ el Parque Nacional Los Glaciares donde evidentemente hay glaciares, lagos y hace mucho frío.

6. El color del hielo de los glaciares varía según la cantidad de aire dentro del hielo, y por lo tanto puede _____ verde, azul, crema y naturalmente blanco.

7. Muchas personas, sobre todo aquellas que viven lejos de la Argentina, se sorprenden al conocer las características de la Patagonia y del Parque Nacional Los Glaciares porque no corresponden a los estereotipos de América del Sur a los que _____ acostumbrados.

B. Acentos

En el siguiente texto **faltan** todos los acentos. **Ponlos**, por favor.

Hasta el siglo XIX la Patagonia, territorio que se encuentra al sur de las pampas, siguio siendo ignorado por la Argentina. Luego, en el año 1879, al empezar los años de fuerte inmigracion, el general Julio A. Roca decidio abrir la Patagonia a la colonizacion. Lanzo la llamada 'Conquista del Desierto', sin duda una de las guerras mas brutales contra la poblacion indigena del continente americano. En aquella epoca, la matanza de la poblacion indigena fue aceptada como una imposicion de la 'civilizacion' sobre la 'barbarie'. Al ver el resultado, la exterminacion de todo un pueblo, nos preguntamos quienes fueron los civilizados y quienes los barbaros.

Gaucho

Pocos años despues de la 'Conquista', la Patagonia fue dividida y se crearon las enormes estancias que existen hoy en dia. Al igual que las estancias de ganado vacuno de las pampas del norte, en la estancias de ovejas de la Patagonia los dueños son pocos y poderosos, mientras que la mano de obra[1] es abundante y sin poder. Alli viven los gauchos, pero en nuestros dias son simplemente la mano de obra de la estancia. Es solamente en las grandes ciudades donde se idealiza al gaucho como parte del folklore argentino.

---

[1] mano (f.) *de obra: conjunto de obreros asalariados*

Oral y / o composición

1. En tu país, ¿existe una región donde vive poca gente?

2. ¿Cómo es? Descríbela: su geografía, su flora, su fauna, sus minerales, su clima, su gente y otras características singulares.

3. ¿Esta región de tu país es económicamente importante hoy? ¿Puede ser importante en el futuro? ¿Por qué?

4. Compara la Patagonia con la región que acabas de mencionar.

Vocabulario temático

¿Sabes estas palabras? ¿Puedes añadir palabras a estas listas?

Animales domésticos

burro	gallina	potro
buey (m.)	gallo	res (f.)
caballo	ganado	ternero
cabra	gato	toro
cachorro	mula	vaca
carnero	oveja	yegua
cerdo	perro	
conejo	pollo	

Navegando por la Red
Si deseas más información, consulta:

1. **Geografía:** pampa seca / pampa húmeda

    a. **Ciudades de la pampa:** Rosario, Santa Fe (Arg.), Córdoba (Arg.), Río Cuarto (Arg.), Santa Rosa (Arg.)

    b. **Ciudades de Patagonia:** Ushuaia, Comodoro Rivadavia, Calafate, Santa Cruz (Arg.), Chubut, Puerto Madryn, Neuquén

2. **Animales protegidos:** ñandú (rhea americana), tapir, jaguar; árbol: ombú

3. **Periódicos:** La Nación, Clarín, The Buenos Aires Herald, Página12, Ámbito Comercial, El Cronista Comercial; newspapers Argentina; Revistas: La Maga, Billiken, Oblongo

Pre-lectura: La capital de Francia, París, evoca muchos sentimientos. ¿Cuáles de los siguientes elementos evoca para ti: ¿sofisticación? ¿cultura? ¿el francés? ¿Europa? ¿una gran ciudad? ¿la capital de Francia? ¿Evoca también otros elementos? ¿Cuáles?

BUENOS AIRES, PARÍS DE SUDAMÉRICA

Da un vistazo al texto y encuentra el tema principal de cada párrafo.

_____ el Teatro Colón ha tenido problemas financieros
_____ el metro de Bs. As. es antiguo
_____ Bs. As. y París se parecen
_____ la inmigración a la Argentina es reciente
_____ el mayor desarrollo de Bs. As. fue a principios del siglo XX
_____ el Teatro Colón es uno de los teatros de ópera más bellos del mundo
__1__ Bs. As. parece una ciudad europea
_____ la Plaza de Mayo es el centro simbólico de la ciudad

1 El turista que visita Buenos Aires (Bs. As.) encuentra una ciudad elegante con mucha energía vital y un ritmo de vida frenético, bastante parecido al de Nueva York y Milán. Sus calles están atiborradas[1] de gente, los centros comerciales llenos, los cafés y restaurantes repletos. Buenos Aires no se parece a otras ciudades sudamericanas, ni en su gente ni en el aspecto físico de la ciudad. Quito y Lima, por ejemplo, tienen una población mestiza y las partes antiguas de estas ciudades evocan la época colonial. En contraste, los porteños[2] son de origen europeo y la arquitectura de Buenos Aires se parece a la arquitectura europea del siglo XIX. Pasear por la calle Florida es ver a gente elegante, con apariencia europea.

2 La población de Buenos Aires es de unos 13 millones y de éstos un 80% son descendientes de europeos. La mayoría de argentinos llevan pocas generaciones en Sudamérica, pues sus abuelos inmigraron a fines del siglo pasado en busca de nuevas oportunidades. Vinieron sobre todo de Italia y de España, como también de los otros países europeos, en barcos llenos de

---

[1] atiborrado: *muy lleno*
[2] porteño: *(sinónimo bonaerense) persona de Buenos Aires*

inmigrantes, con pocas maletas y grandes esperanzas para "hacer América." Mientras que algunos ganaderos se hicieron millonarios, muchos inmigrantes permanecieron pobres, pues los bienes y las riquezas no se distribuyeron. Entre 1857 y 1930, seis millones de inmigrantes llegaron a la Argentina; y en los años anteriores a la Primera Guerra Mundial de cada tres argentinos, uno era nuevo inmigrante.

3 Hubo gran prosperidad en el primer tercio (1/3) del siglo XX y por lo tanto, el gobierno pudo dedicar fondos para crear la infraestructura de una gran metrópoli. Se construyeron elegantes edificios públicos, bellos monumentos, y anchas avenidas con árboles y flores. La ciudad de Bs. As. era nueva a principios de este siglo. Para comprender las dimensiones de la construcción son necesarios tres ejemplos: el subte[1], el Teatro Colón y la Plaza de Mayo.

4 La primera línea del subte, Plaza de Mayo – Primera Junta, se construyó en 1913, pues Bs. As. fue una de las primeras ciudades del mundo en tener transporte público por debajo de la tierra. Como en aquella época había tantos inmigrantes que no hablaban castellano, las autoridades pintaron las estaciones de una línea de diferentes colores para facilitar la identificación. Otras líneas fueron decoradas con mosaicos que ilustran la historia de la Argentina. ¿Y hoy? Hoy todavía quedan trenes de esa época, reliquias con asientos de madera oscura y espejos[2] aún en buen estado.

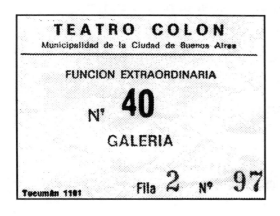

TEATRO COLON
Municipalidad de la Ciudad de Buenos Aires

FUNCION EXTRAORDINARIA

N° **40**

GALERIA

Fila **2** N° **97**

Tucumán 1181

5 El Teatro Colón, que se empezó en 1890 y se terminó veinte años más tarde, es uno de los teatros de ópera más elegantes del mundo. El edificio, con una acústica excelente, es grandioso tanto por fuera como por dentro y da sensación de esplendor, de opulencia. Aquí han cantado, tocado y bailado los más grandes artistas del mundo. Cuando era el verano en Europa y los teatros europeos estaban de vacaciones, era invierno en la Argentina y temporada de ópera. El director Arturo Toscanini, con la compañía de ópera de La Scala, iba a Bs. As. todos los años.

6 ¿Y en nuestros días? En los años '89 – '90, la inflación fue tan grande que la temporada tuvo que ser cancelada porque al teatro le faltó el dinero suficiente para pagar a los artistas. Hoy el teatro funciona y las grandes orquestas del mundo dan conciertos durante el invierno del hemisferio sur.

---

[1] subte: *tren subterráneo, llamado metro en otros países*
[2] espejo: *superficie que refleja los objetos*

7 El corazón de la ciudad es la Plaza de Mayo y también allí se nota el contraste entre el pasado y el presente. En el centro de la Plaza de Mayo se encuentra una bella estatua dedicada a la independencia. Alrededor de la plaza están la Casa Rosada, residencia del Gobierno de la República, la catedral y el Cabildo, antiguo ayuntamiento[1], ahora museo, tres edificios de belleza y elegancia. Pero todos los jueves por la tarde las Madres de la Plaza de Mayo caminan por el centro de la plaza. Son las madres y abuelas de los "desaparecidos" durante la terrible 'Guerra Sucia' (1976 – '83). Hay 9.000 casos documentados de hombres, mujeres y niños que desaparecieron en aquella época, pero muchos dicen que la cifra puede llegar hasta 35.000. Cuando las Madres de la Plaza de Mayo empezaron a presionar al gobierno querían saber dónde estaban los miembros de sus familias. Hoy, después de tantos años, solamente desean saber dónde murieron.

8 Buenos Aires es una ciudad llena de vida, muy cosmopolita, con muchos teatros, galerías de arte, con muchísima actividad intelectual. Es esa combinación de belleza arquitectónica y energía vital la que le da el nombre de París de Sudamérica.

Síntesis

¿Qué oración **resume** correctamente el texto?

___ 1. Bs. As. se llama el París de Sudamérica a causa de tres construcciones: el subte, el Teatro Colón y la Plaza de Mayo.

___ 2. Llamamos a Bs. As. el París de Sudamérica porque sus habitantes son descendientes de europeos y su arquitectura de estilo europeo.

___ 3. Bs. As. es el París de Sudamérica porque es una ciudad muy bella y cosmopolita, con mucha actividad cultural.

Comprensión del texto

A. 1. Escribe dos palabras que describen el Teatro Colón:
_____ y _____.

2. Escribe una palabra que caracteriza el subte de Buenos Aires: _____.

3. Muchísimos inmigrantes a la Argentina vinieron de dos países:
_____ y _____.

4. El Gobierno de la República reside en _____.

---

[1] ayuntamiento: *edificio en donde se administra una municipalidad, ciudad o pueblo*

B. Indica V (verdad), F (falso) o NI (no indicado)

1. Hay pocos mestizos en la Argentina. _____

2. El Teatro Colón se construyó rápidamente. _____

3. La terrible 'Guerra Sucia' ocurrió en el siglo XIX. _____

4. Todos los años durante el verano Arturo Toscanini iba de vacaciones a Bs. As. porque el verano europeo coincide con el invierno en el hemisferio sur. _____

5. Las Madres de la Plaza de Mayo llevan pañuelos[1] blancos. _____

Vocabulario

A. Encuentra los sinónimos.

1. _____ grandioso   a. elegante
2. _____ hecho a mano   b. residencia
3. _____ casa   c. espléndido
4. _____ lujoso   d. manual
     e. gordo

B. Encuentra las palabras semejantes (cognados)

Estas palabras se parecen a las mismas palabras en tu idioma.
El número indica el párrafo donde se encuentra la palabra. (páginas 20, 21 y 22)

1 fre _____

2 desc _____

3 pros _____

3 metró _____

4 reliq _____

5 acús _____

6 infla _____

8 cosmo _____

---

[1] pañuelo: *trozo de tela cuadrangular usado como complemento del vestido; el que se lleva en el bolsillo para limpiarse la nariz*

C. En una ciudad, sobre todo en una capital, hay muchos **edificios y lugares públicos** como por ejemplo:

Municipalidad[1]	Ministerio
Casa de gobierno	Correo

¿Qué otros edificios o lugares públicos podemos encontrar en Bs. As.? Solamente <u>uno</u> de los edificios arriba mencionados aparece en las siguientes oraciones.

En Buenos Aires podemos encontrar:

1. Lugares con agua para bañarse y nadar. _____

2. Establecimientos destinados al diagnóstico y tratamiento de enfermos. _____

3. Un lugar donde se exhiben diferentes especies de animales. _____

4. Casa donde se recibe y se envía la correspondencia. _____

5. Lugares con árboles y plantas, también con bancos, para el recreo de la población. _____

6. Lugares donde suben y bajan los pasajeros de trenes y autobuses.

   _____

7. Lugar donde estudian los estudiantes de nivel superior. _____

---

[1] municipalidad (f.): *sinónimo de 'ayuntamiento'*

Gramática

La voz pasiva

A. Con SER: se forma con SER y el participio pasado.
   Ejemplo: El subte es construido por la Municipalidad de Bs. As.

B. Con SE: Este uso es frecuente cuando el sujeto es un nombre de una cosa, no de una persona.
   Ejemplo: El subte se construye en Bs. As.

Cambia las oraciones a la voz pasiva.

1. El gobierno crea la infraestructura de una gran metrópoli.

   _____

2. En Bs. As. emplean el transporte por debajo de la tierra.

   _____

3. Las Madres de la Plaza de Mayo presionan al Gobierno para saber dónde murieron sus parientes.

   _____

Cambia las oraciones a la voz activa.

4. La temporada de teatro es cancelada por la administración del Teatro Colón.

   _____

5. El Teatro Colón es reconocido por los artistas y el público.

   _____

Oral

1. La mayoría de los inmigrantes que llegaron a la Argentina eran italianos y españoles. Indica de qué países llegaron los primeros inmigrantes a tu país.
2. Hoy en día, ¿de qué países vienen? ¿por qué vienen a tu país?
3. Un estudiante escribe en la pizarra de dónde y cuándo llegaron a este país todos los antepasados de los estudiantes de esta clase.
4. Por parejas, los estudiantes clasifican la información y luego la analizan.
5. ¿Qué opinión tienen los estudiantes de esta clase sobre la inmigración?

Composición

Escoge un tema.

1. La inmigración. Su contribución al país.
2. La experiencia personal de una persona que ha inmigrado a este país. Haz una entrevista a una persona que ha inmigrado a este país y cuenta su historia.
3. Una ciudad, sus edificios, sus calles, sus barrios, su forma de ser.
4. Un barrio de una ciudad, sus características, su gente, sus casas y sus edificios públicos.

SEGUNDO TEXTO: LA UNIVERSIDAD DE BUENOS AIRES

La Universidad Nacional de Buenos Aires, una de las más grandes del continente, refleja muchas de las esperanzas y los problemas de la educación superior. Al comparar la Universidad de Buenos Aires con aquéllas de los países industrializados, resaltan varios elementos: primero, que los cambios en política tienen gran influencia sobre la educación, sobre todo la educación universitaria; segundo, que no sólo la mayoría de los 250.000 estudiantes sino también el profesorado de la U. de Bs. As. lo es a tiempo parcial; y tercero, que la Universidad de Bs. As., al igual que todas las universidades capitalinas latinoamericanas, ha tenido un crecimiento desmesurado.

Un ejemplo de la influencia de la política es la decisión sobre el ingreso a la universidad. En la gran mayoría de países latinoamericanos, éste depende de un examen. El Presidente Perón, siguiendo una política populista, eliminó el examen de ingreso; luego, durante los siguientes 20 años se restablecieron y se suprimieron los exámenes de ingreso cuatro veces, siempre en función de los intereses del Gobierno en el poder. Hoy en día, la Argentina figura entre los pocos países que ha suprimido el examen de ingreso.

En lo que se refiere a los estudios a tiempo parcial, muchos estudiantes trabajan, al igual que en los países industrializados, pero entre el profesorado es donde se notan grandes diferencias. Los sueldos de los profesores no permiten vivir de la cátedra, y por consiguiente, los profesores complementan el salario con otro trabajo. Así, por ejemplo el profesor de química puede ser chofer de taxi en sus horas libres.

En tercer lugar, las migraciones internas en busca de trabajo han dado lugar a inmensas aglomeraciones urbanas como las de Lima y México; así ha crecido Buenos Aires. La matrícula universitaria ha sido tan masiva que ha desbordado la capacidad de los establecimientos de educación superior. Esta masificación de la universidad ha traído

problemas serios en lo que se refiere a la calidad. Por consiguiente, para integrar un número tan elevado de estudiantes y ayudar a los nuevos ingresados, la Universidad de Buenos Aires ha impuesto un Ciclo Básico Común. De tal modo, todos los estudiantes de primer año cursan dos materias comunes.

En la Universidad de Buenos Aires, la elección de carreras muestra el claro predominio de las profesiones tradicionales, tanto es así que las cuatro primeras carreras alcanzan el 40% de matrículas:

12%	psicología
11%	derecho
9%	medicina
8%	contabilidad
6%	ingeniería
6%	informática
6%	filosofía y letras

Comparemos entonces los problemas de la U. de Bs. As. con los de tu país. ¿Es posible integrar a los graduados en el mercado laboral? ¿Son pertinentes las carreras con respecto a las necesidades y exigencias de la sociedad? ¿Hay menos dinero para la educación a causa de la crisis económica? ¿Se deterioran las universidades, y en particular, los salarios de los docentes, disminuyen los gastos en equipamiento y las becas?

Algunos pensadores añaden que como se agudiza la gravedad del desempleo, habrá una invasión de graduados universitarios en una sociedad incapaz de integrarlos. Los resultados pueden tener consecuencias explosivas. ¿Estás de acuerdo?

El sistema de ingreso a los estudios universitarios
(en grupos de tres o cuatro)

1. El examen de ingreso en una universidad específica es obligatorio en:
       el Brasil, Colombia, Perú, Costa Rica
2. La PAA, Prueba de Aptitud Académica, que da entrada según los resultados, es obligatoria en:
       Chile
3. La preinscripción nacional es obligatoria en:
       Venezuela
4. El ingreso depende de la actuación del estudiante en los niveles inferiores en:
       Cuba

A. Encuentren el país cuya política de ingreso a la universidad se parezca más a la de ustedes.
B. Encuentren el sistema de ingreso que menos les guste y expliquen las razones.
C. Encuentren el sistema de ingreso que más les guste y den un mínimo de tres razones.

Oral

¿Qué opinan sobre las siguientes ideas?

1. "En los países pobres, se debe dar preferencia a la educación básica, sobre todo la de nivel primario. Las universidades no tienen en cuenta la realidad económica de los países en desarrollo."

2. "El acceso a la universidad de grandes masas de jóvenes disimula o posterga el desempleo."

Vocabulario

Lugares donde acude[1] el público de una ciudad	La enseñanza superior
ayuntamiento	aprobar
barrio	asignatura
café (m.)	carrera
casa de gobierno	cátedra
calle (f.)	catedrático
cine	docente
correo	educación primaria
galería de arte	educación secundaria
hospital (m.)	educación superior
jardín	educación técnica
mercado	examen de acceso, ingreso
ministerio	graduado
municipalidad (f.)	materia obligatoria
oficina	materia optativa
parque (m.)	matrícula
piscina	profesión
plaza	profesorado
teatro	suspender
tienda	
zoológico	

Navegando por la Red
Si deseas más información, consulta: (Primero escribe el nombre del país.)

1. **Edificios:** Cabildo, Casa Rosada, Antiguo Congreso Nacional, Iglesia Nuestra Señora de la Merced, Palacio del Congreso, Teatro Colón
2. **Distritos:** San Telmo, La Boca
3. **Museos:** M. de Bellas Artes, M. Nacional de Arte Decorativo
4. **Cementerio** de La Recoleta, Cementerio de La Chacarita
5. **Fútbol:** Boca Junior, River Plate, Huracán, Vélez Sársfield, Independiente, Newell's Old Boys, Argentinos Juniors, Estudiantes de la Plata
6. **Periódicos:** La Nación, Clarín, The Buenos Aires Herald, Página12, Ámbito Comercial, El Cronista Comercial; newspapers Argentina;
7. **Revistas:** La Maga, Billiken, Oblongo

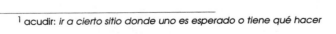

---

[1] acudir: *ir a cierto sitio donde uno es esperado o tiene qué hacer*

NOTA CULTURAL:
La hora

Tal vez la hora sea lo más difícil de comprender. En algunos países la puntualidad es sagrada, es exacta, es importante. En América Latina depende tanto del país como de las diversas regiones dentro de un país. En las ciudades grandes el ritmo de vida es cada vez más acelerado y por lo tanto la gente es más bien puntual, mientras que en los pueblos el tiempo simplemente no tiene la misma importancia.

Dos ejemplos son necesarios para comprender la hora. Una joven, que vive en un pueblo agrícola lejos de los grandes centros urbanos, invita a sus amigos a venir a su casa el sábado por la noche. La invitación es para las 8 pero a esa hora ella no está en casa; está en el cine con sus amigos. Ella vuelve a su casa a las 9 y a las 9:30 llegan los primeros invitados.

Una señora alemana está de visita en Buenos Aires. Sus amigos la invitan a almorzar y le dicen que van a ir a buscarla al hotel a las 12. Ellos llegan con media hora de retrazo y no se disculpan[1]. Ella se ofende y ellos no comprenden su mal humor.

Recuerda que hoy sólo los latinoamericanos que viven en el campo o en pueblos lejanos tienen el tiempo y la paciencia del estereotipo latino. El ritmo de vida en las grandes ciudades es más o menos parecido en todo el mundo y todos se preocupan por el tiempo.

Finalmente, cuando estés de viaje, recuerda que tú eres el turista y son ellos quienes te reciben. Sigue sus reglas y no impogas las tuyas.

---

[1] disculpar: *excusar*

Pre-lectura: ¿Qué región de tu país tiene gran belleza natural? ¿Es ésta una región turística? En tu país, ¿dónde es posible ir a la playa y escalar una montaña el mismo día?

LA REGIÓN DE LOS LAGOS

Recuerdos de Osorno

Da un vistazo al texto y **escribe** el número correspondiente al tema principal de cada párrafo.

____ En la Región de los Lagos hay turismo en todas las épocas del año.

____ Carolina ha buscado información para Sandra.

____ Las dos chicas irán a la Región de los Lagos.

____ En la Región de los Lagos hay mucho turismo.

____ Hay hoteles y campamentos para todos los gustos.

____ El sur de Chile es un territorio despoblado con una naturaleza salvaje.

_5_ Según Carolina el lago Todos los Santos es el más bello.

____ Sandra va a llegar muy pronto a Chile.

____ La familia de Carolina espera a Sandra con impaciencia.

Carolina es una joven chilena que ha participado en un intercambio estudiantil. Ella ha visitado tu país y ahora **Sandra**, una chica de tu colegio, está por salir para Chile.

Santiago, 15 de diciembre

Recordada Sandra,

1 Gracias por tu carta y especialmente por las buenas noticias sobre tu llegada. Estoy muy contenta de que finalmente puedas venir a conocer a mi familia y a mis amigos. Así podré mostrarte mi país como tú me mostraste el tuyo.

2 Para tu tarea de preparación he copiado la información que me has pedido y he puesto mis propios comentarios entre paréntesis. Espero que te sea útil.

3 *La Región de los Lagos, a más de 650 kilómetros al sur de Santiago (mi casa), es una de las regiones más bellas del mundo (verdad). Es la región turística más importante del país pero no es muy grande, pues entre el océano Pacífico y la frontera argentina hay solamente unos 350 kilómetros (mi país es muy estrecho). Naturalmente la región no termina en la frontera argentina pues la Argentina tiene su propia Región de los Lagos (más desarrollada que la chilena).*

4 *Durante el verano (de enero a marzo) muchos turistas toman el sol en las playas de arena negra (volcánica), pescan y se pasean; durante el invierno (de junio a agosto) vienen a la región para practicar el esquí (¿recuerdas que nadie quería creer que en Chile había esquí?). La Región de los Lagos tiene grandes bosques, volcanes nevados[1], cataratas[2]; como su nombre indica, hay 12 lagos grandes y muchísimos pequeños. Algunos lagos se encuentran entre los altos Andes y otros están más al sur, en un valle inmenso. En esta región, la naturaleza es la principal atracción.*

5 *Uno de los lagos más bellos (para mí, el más bello) es el de Todos los Santos. En sus aguas de color esmeralda se reflejan no sólo las islas cubiertas de árboles, sino también el cono perfecto del volcán Osorno. Desde el lago se pueden ver varios montes nevados y a cierta distancia se encuentra el inmenso Monte Tronador. Tras cruzar el lago, uno puede continuar a la ciudad de Bariloche, importante centro turístico argentino.*

---

[1] nevado: *con nieve*
[2] catarata: *caída de agua (por ejemplo: Niágara o Iguazú)*

6 *Por ser ésta una región turística, hay muchos hoteles (baratos y caros), y en los parques nacionales, muchos campamentos. Hay campamentos para todos los gustos; algunos ofrecen cabañas, otros alquilan carpas[1] (con mi familia siempre vamos al parque Conguillio, porque tiene una laguna[2], un monte nevado, varios campamentos y una vista increíble del volcán Llaima).*

7 *El resto del país (que yo nunca he visitado) se extiende desde el sur de la Región de los Lagos hasta la punta del continente. Esta región es vasta, pero allí vive sólo el 3% de la población. Es una región de bosques impenetrables, de montañas que llegan hasta el mar, de innumerables golfos, islas, estrechos y fiordos (como en Noruega).*

8 Ahora que he copiado la información para tu trabajo, estoy convencida que nosotras dos tenemos que ir a la Región de los Lagos. Iremos en autobús o en colectivo[3] (el transporte público es excelente y en la Región de los Lagos hay autobuses baratos a toda hora); y de todas maneras tenemos que pasearnos en barco. Estoy segura que te gustará.

9 ¡Estoy emocionada con tu llegada! ¡Verdad que los intercambios estudiantiles son fabulosos! ¡Estaremos todos en el aeropuerto para recibirte! Mis hermanas no te conocen pero están tan impacientes como yo. Por favor saluda a tu hermana, a tus padres, a los vecinos y a los compañeros de clase (especialmente a uno).

Tu amiga que te espera con impaciencia,

Carolina

Síntesis

Escoge la oración que mejor resume el texto.

1. ___ Este texto es una carta con información sobre la Región de los Lagos.
2. ___ Este texto es una carta con detalles muy específicos sobre el turismo en Chile.
3. ___ Este texto es un análisis de una de las regiones turísticas más importantes de Chile.

---

[1] carpa: *lugar para dormir en el campo; también empleada para el circo; en España se emplea la palabra 'tienda' (de campaña)*

[2] laguna: *lago pequeño*

[3] colectivo: *vehículo que toma 5 o más pasajeros y sigue una ruta determinada, normalmente la misma ruta que el autobús. Es más caro que el autobús, pero más cómodo y más rápido.*

Comprensión del texto

A. Completa los espacios con los puntos cardinales.

norte	sur	este

1. La Región de los Lagos se encuentra al _____ de Santiago.

2. Al _____ de la Región de los Lagos hay una región con muchos árboles y muy poca gente.

3. Bariloche, ciudad turística argentina, se encuentra al _____ de la región turística chilena.

4. Al _____ del país hay dos países andinos, el Perú y Bolivia.

B. Indica V (verdad) o F (falso).

___ 1. Sandra y Carolina irán a la Región de los Lagos con las hermanas de Carolina.

___ 2. En Chile, no existe el esquí porque la nieve empieza a los cuatro mil metros y no hay suficiente oxígeno para practicar ese deporte.

___ 3. Carolina ha visitado el país de Sandra.

Vocabulario

A. Encuentra los antónimos en los párrafos indicados. (página 31-32)

1 partida _____ **2** dado _____ **3** ancho _____

5 diminuto _____   **6** ningunos _____

B. En español hay muchas formas de decir que algo te gusta.¡Me gusta! ¡Me encanta! ¡Ay qué lindo! ¡Es precioso! ¡Qué maravilla! ¡La tapa! ¡Fabuloso! ¡Extraordinario! ¡La mera maravilla!

Emplea la palabra correcta. ¡Concordancias!

La Región de los Lagos es _____.

C. Los prefijos   IM   e   IN

Completa el cuadro.

◆Nota: Se utiliza **IM** delante de las letras **P** y **B**

IM		IN	
_____	impaciencia	directo	_____
perfecto	_____	_____	incomparable
posible	_____	_____	increíble
_____	impopular	dependiente	_____

Emplea las palabras mencionadas arriba para completar esta descripción.

Cuando Sandra llegue a Chile, irán mucho a la playa pues como la costa está a sólo unos 100 kilómetros de la capital es __p_____ ir y venir en un solo día. Pero ¿adónde irán? ¿a la elegante playa de Viña del Mar? ¿a las playas de Caleta-Abarca, Acapulco, El Sol, Blanca, Los Marineros? No. Las chicas seguramente decidirán ir a Reñaca, una de las playas más __p_____ para la juventud. Luego, si a Sandra le interesa, podrán continuar hasta Concón, al norte de Reñaca, para observar una colonia de pelícanos.

El camino más __d_____ para volver a Santiago es por Valparaíso, el puerto más importante del país. Esta ciudad es interesante por estar dividida en dos partes muy distintas: una para el trabajo y otra para las viviendas. Mientras que el centro comercial, con sus grandes edificios, se encuentra al borde del mar, las residencias están en lo alto de la montaña. Sandra y Carolina tendrán que subir en funicular porque desde arriba las vistas son __i_____, al oeste el mar y al este los montes nevados de los Andes.

Gramática

Subjuntivo

Empleamos el subjuntivo para pedir, necesitar, desear.

aconsejar que	agradecer que	animar a uno a que	conseguir que
es esencial que	decir que	exigir que	desear que
es imperativo que	evitar que	es mejor que	hace falta que
necesitar que	es importante que	es preciso que	es necesario que
reclamar que	pedir que	más vale que	querer que
suplicar que	recomendar que	es urgente que	rogar que

Sandra NO le escribe a Carolina lo siguiente:

1. Es indispensable que _____ (venir) a conocer a mi familia y a mis amigos.

2. Es urgente que me _____ (contestar).

Carolina NO le responde lo siguiente: (completar las frases)

3. Es importante que me (dar) _____ .

4. Te pido también que me (enviar) _____ .

5. Hace falta que (invitar) _____ .

Oral

1. Indica un lugar cerca de tu casa que tenga interés turístico.
2. ¿Se encuentra en la ciudad o en el campo?
3. ¿Tiene interés cultural, natural, deportivo u otro?
4. ¿Visitas este lugar o es solamente para turistas?
5. Descríbelo, por favor.

Composición

Un amigo que vive en otro país desea información turística. Escribe una carta en la cual describes un lugar que tú has visitado. Recuerda que tu lector nunca ha visto esta región o este lugar.

Vocabulario temático

¿Sabes estas palabras? ¿Puedes añadir palabras a esta lista?

Mundo natural

agua	isla	naturaleza
arena	lago	nevado
arroyo	laguna	océano
bosque (m.)	llano	playa
campo	mar	río
catarata	montaña	volcán

Navegando por la Red
Si deseas más información, consulta:

1. **Sernatur** (Servicio Nacional de Turismo)

2. **Parques nacionales:** Parque Nacional Villarrica, Parque Nacional Huerquehue, Parque Nacional Puyehue, Parque Nacional Vicente Pérez Rosales

3. **Ciudades:** Puerto Montt, Pucón, Valdivia, Osorno

4. **Lagos:** Lago Todos los Santos, L. Calafquén, L. Panguipulli, L. Pirehueico, L. Puyehue, L. Llanquihue; L. Nahuel Huapi

5. **Grupos indígenas:** Mapuche, Aymará, Rapa Nui

SEGUNDO TEXTO EL ESQUÍ EN CHILE

Tienes solamente **dos minutos** para hacer los dos ejercicios sobre el esquí en Chile.

A. Distancias entre Santiago y los centros de esquí:

Centro de Esquí	km.
Farellones	40
El Colorado	44
La Parva	45
Valle Nevado	60
Portillo	149
Termas de Chillán	485
Villarrica/Pucón	777
Antillanca	1011
La Burbuja	1086
El Fraile	2042
Mirador	3150

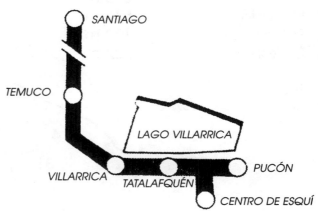

1. Los cuatro centros más populares son los que están más próximos, entre _____ y_____ kilómetros de la capital.

2. Muchos equipos nacionales practican el esquí en Chile. El equipo francés, por ejemplo, se entrena en Valle Nevado durante los meses de ____l____ y ___a_____ de cada año, época en la cual es imposible esquiar en Francia.

B. Las pistas de Valle Nevado

Pistas	Longitud	Desnivel[1]	Dificultad
1. El Mirador	1.370 m[2]	322 m	fácil
2. La Escondida	660 m	160 m	mediano
3. Peña del Águila	993 m	283 m	difícil
4. Las Ballica	900 m	248 m	difícil
5. Tres Puntas	1.664 m	435 m	difícil
6. El Vaivén	290 m	73 m	mediano
7. El Prado	579 m	145 m	mediano
8. El Carrusel	100 m	17 m	fácil
9. La Ronda	222 m	61 m	fácil

Pistas: ———————

Telesillas: - - - - - - -

Recuerda las formas del **comparativo** y del **superlativo**.

Emplea los adjetivos 'difícil' o 'fácil' y completa las oraciones.

1. Mientras que la pista de El Carrusel es _____ de las

    pistas, la pista de Tres Puntas es _____.

2. Las pistas 2 y 7, La Escondida y El Prado son casi idénticas.

    La Escondida es _____ difícil _____ El Prado.

---

[1] desnivel (m.): *diferencia de altura*
[2] m: *metro*

Pre-lectura: ¿Escuchas música folklórica? En tu país, ¿existe esta música? ¿Se venden bien los discos de música folklórica? ¿Por qué?

VIOLETA PARRA Y LA NUEVA CANCIÓN

Mira rápidamente el texto y **anota** el tema principal de cada párrafo.

___ Hoy la Nueva Canción es conocida gracias a Violeta Parra y los cantantes que la siguieron.

___ El interés por la música folklórica continuó después de la muerte de Violeta Parra.

___ El régimen del General Pinochet prohibió la Nueva Canción.

___ Hay una gran variedad de música en Latinoamérica.

___ Violeta Parra fue la persona más importante en la creación de la música folklórica chilena.

___ La vida personal de Violeta Parra fue bastante difícil.

___ La Nueva Canción combina elementos tradicionales y políticos.

LECTURA DE 8 MINUTOS

1 En Latinoamérica hay muchos tipos de música, entre otros la rumba, el chachachá, el tango y el corrido. Algunos siempre se han escuchado en la radio mientras que otros fueron casi olvidados. Este fue el caso de la música folklórica que fue largamente olvidada por haber sido considerada atrasada e inculta[1].

2 Al final de los años '50 y en los años '60 nació un nuevo interés por la música tradicional folklórica, ligándola[2] a problemas de justicia social. En Chile, la persona más importante en su desarrollo, la creadora de la Nueva Canción fue Violeta Parra. Ella coleccionó más de 3.000 canciones folklóricas de todas las regiones chilenas. Pero a diferencia de otros que sólo las habían compilado, ella también las cantó. Su primer disco "El Folklore de Chile" (1956) incluye 17 canciones recogidas por ella. La simplicidad de la voz de Violeta

---

[1] inculta: *sin cultura*
[2] ligar: *unir (con)*

Parra, acompañándose con su guitarra, evoca los patios, las cocinas, los jardines del campo donde ella escuchó y aprendió estas canciones. Con una energía extraordinaria, dio conciertos, grabó discos y después de gran esfuerzo obtuvo un programa en la radio llamado 'Canta Violeta Parra'.

3 Podemos definir la Nueva Canción como una fusión de elementos musicales tradicionales cuya letra[1] refleja los problemas sociales. Violeta Parra no creó la Nueva Canción pues las canciones ya existían, pero no es exageración decir que sin ella este movimiento musical no hubiese salido adelante. Su obra fue un puente[2] entre la cultura tradicional chilena y los medios de comunicación masiva, (radio, televisión, etc). Gracias al talento y a la determinación de Violeta Parra se creó un espacio, entre Mozart, la salsa y los Beatles, para la música folklórica.

4 Su vida personal fue de una creatividad incansable pues ella no sólo fue cantante, sino también pintora y escultora (ceramista), poeta, cineasta y actriz. Como si esto no fuera suficiente, ella no se contentó con su trabajo de coleccionista sino que también escribió canciones, ejemplo que otros músicos siguieron. Pero a pesar de todo este talento sufría problemas personales, depresiones y pobreza. En su último álbum (1967) acompañada por sus hijos Ángel e Isabel y el uruguayo Alberto Zapicán, encontramos una variedad de canciones que refleja toda su obra. Veinte días después de aparecer el álbum que contiene estas palabras, Violeta Parra se suicida.

> *...gracias a la vida*
> *que me ha dado tanto*
> *me ha dado la risa[3]*
> *y me ha dado el llanto[4]*

5 El movimiento que ella había creado ya era bastante fuerte para continuar sin ella. El doble trabajo de compilar canciones tradicionales y de escribir nuevas continuó. En esa época se empezaron a utilizar instrumentos tradicionales y se crearon grupos musicales que tomaron nombres autóctonos. En un período de veinte años, los chilenos pasaron del olvido del folklore tradicional a un momento de considerable ascenso.

6 Fue en política donde la Nueva Canción tuvo mayor importancia, pues Chile pasaba por un momento de crisis. La Nueva Canción, con su mensaje social y político, se identificó totalmente con el Presidente Salvador Allende. La caída de Allende y la dictadura del General Augusto Pinochet impusieron un nuevo orden. Con una exageración casi incomprensible, el nuevo gobierno no sólo prohibió todas las canciones de la Nueva Canción por estar ligadas al régimen anterior, sino también el uso de instrumentos tradicionales. Víctor Jara, la figura más importante de la Nueva Canción, después de la muerte de Violeta Parra, murió en manos del régimen Pinochet; otros músicos fueron encarcelados[5] y aún otros músicos y grupos musicales que se encontraban fuera del país dando conciertos, se exiliaron.

---

[1] letra: *las palabras (texto) de una canción*
[2] puente (m.): *construcción sobre un río para pasar de un lado al otro. También se utiliza para unir dos ideas diferentes*
[3] risa: *del verbo reír (¡ja! ¡ja!)*
[4] llanto: *del verbo llorar (opuesto de reír)*
[5] encarcelar: *meter a alguien en la cárcel (prisión)*

7 Pasaron años antes de que el régimen permitiese que algunas canciones se escuchasen y esta prohibición pública convirtió la Nueva Canción en símbolo de un Chile más democrático, más humano. Hoy Chile ha vuelto a la democracia y la represión de su gente y su música ha pasado a la historia. Las canciones antes prohibidas se escuchan otra vez. Pero es gracias a Violeta Parra y a los músicos que la siguieron que la Nueva Canción tiene un lugar en el corazón de los chilenos.

Síntesis ¿Cuál de las oraciones resume mejor este texto?

Podemos decir que la Nueva Canción chilena es:

1. ___ un movimiento musical que refleja la tradición folklórica y los problemas sociales.
2. ___ un movimiento político, social y musical.
3. ___ un movimiento musical dominado por Violeta Parra quien dio valor a la música folklórica.

Comprensión del texto

Por favor **completa** correctamente las oraciones.

1. Violeta Parra escuchó y compiló canciones
   ___ a. en el campo.
   ___ b. en la ciudad.
   ___ c. tanto en el campo como también en la ciudad.

2. Ella
   ___ a. compiló y escribió canciones para un programa de radio llamado 'Canta Violeta Parra'.
   ___ b. escuchó y cantó canciones en varios países latinoamericanos.
   ___ c. compiló, cantó, compuso, grabó, lo hizo todo.

3. "Gracias a la vida"
   ___ a. simboliza la contradicción entre la vida de Violeta Parra y la canción folklórica.
   ___ b. son las palabras de una canción que ella grabó poco antes de morir.
   ___ c. son palabras que llevan un mensaje crítico y político.

4. Víctor Jara
   ___ a. muere por ser la figura más importante de la Nueva Canción.
   ___ b. muere por su oposición al régimen militar.
   ___ c. muere porque utilizó instrumentos tradicionales.

Vocabulario

A. Las siguientes palabras llevan un **prefijo** en este texto.
Escribe las palabras tal como aparecen en el texto. El número indica el párrafo donde la palabra se encuentra.

1 culta _____   **2** cogidas _____

     4 cansable _____   **6** comprensible _____

7 presión _____

B. Dos de los instrumentos tradicionales de la Nueva Canción son la quena y el charango.
Indica a qué definición corresponde la imagen apropiada.

1. Quena: flauta de origen prehispánico con cinco agujeros.

2. Charango: instrumento de cuerdas parecido a la guitarra pero más pequeño.

C. Divide esta lista de instrumentos en tres categorías:

el tambor   la guitarra   el violín
el triángulo   los platillos   el trombón
la trompeta   el violoncelo   el clarinete

Instrumentos de:

Cuerda	Viento	Percusión
_____	_____	_____
_____	_____	_____
_____	_____	_____

D. ¿Cuál de los instrumentos fue el que más se utilizó en la música folklórica chilena? _____ (Violeta Parra lo tocó)

E. ¿Qué significan estas expresiones con "gracias"?

1. ___   dar las gracias   a. a causa de
2. ___   gracias a   b. agradecer
3. ___   ¡Gracias a Dios!   c. por fin

Gramática

Se emplea el subjuntivo con expresiones de permiso y prohibición.

aprobar que	consentir que	dejar que
desaprobar que	impedir que	oponerse a que
permitir que	prohibir que	

Completa las oraciones.

1. El régimen militar impidió que se (emplear) _____

_____

2. El gobierno de Pinochet prohibió que se (cantar) _____

_____

3. El nuevo régimen no se opone a que los músicos (tocar) _____

_____

Oral

1. ¿Qué música te gusta?

2. ¿Qué instrumentos se utilizan en la música que te gusta?

3. ¿Hay instrumentos de cuerda, de percusión, de viento? ¿Cuáles?

4. ¿Cuál consideras el instrumento más importante?

5. ¿Hay instrumentos eléctricos?

6. Indica un instrumento que no te gusta. ¿Por qué?

Composición

Escribe la historia de un músico o de un grupo musical que te gusta.

Vocabulario temático:

la música y los instrumentos musicales

¿Puedes añadir más instrumentos?

arpa	percusión (f.)	trompeta
clarinete	piano	tuba
cuerda	platillos	viento
flauta	tambor (m.)	violín (m.)
guitarra	triángulo	violoncelo
orquesta	trombón (m.)	

SEGUNDO TEXTO MTV CONQUISTA EL MUNDO

No es una exageración decir que MTV domina el mundo de los vídeos de música popular. MTV se ve en Polonia, en la Argentina, en la India y el Paraguay pues ya en 1991 los vídeos de MTV alcanzaban 40 países. Pero sobre estos vídeos, que combinan la música (sobre todo el rock), y la televisión, hay muchas opiniones. Algunos dicen que los vídeos son pornográficos, otros que son sexistas; los padres de familia los odian y la juventud de todo el mundo los adora. Sus cantantes son en mayoría de habla inglesa, tanto americanos como británicos, y los espectáculos son técnicamente muy sofisticados.

¿Cuál es la importancia de MTV en las Américas? En las Américas hay varios tipos de programación de MTV. Primero están las antenas parabólicas que simplemente transmiten los programas sin preocuparse de pagar por ellos. Luego hay una gran variedad de programación legal. Para el Brasil, en lengua portuguesa, existe MTV Brasil; en lengua española, para el resto del continente tenemos a MTV Internacional; y en México hay algunas horas de programación local, con locutores[1] mexicanos y vídeos norteamericanos, pero en general se transmiten los programas en directo desde los Estados Unidos.

En el Brasil los vídeos de MTV Brasil están de moda para los jóvenes de entre 15 y 25 años, quienes, al igual que los jóvenes del resto del mundo, se pasan muchas horas viéndolos. La mayoría de los vídeos son americanos y por lo tanto las canciones son en inglés. Los brasileños han hecho sus propios vídeos de música popular pero ellos no tienen la sofisticación ni el conocimiento técnico para poder competir directamente con los vídeos norteamericanos. La influencia de los vídeos se nota tanto en el idioma como en la moda. La palabra `rap' ahora existe en portugués y la gorra de béisbol se vende bien.

En México, los primeros vídeos de MTV causaron escándalo y acusaciones de que incitaban a muchos males, desde la promiscuidad hasta los cultos satánicos. MTV fue inmediatamente cancelado, pero poco tiempo después reapareció en otra estación. Ahora se puede ver a casi todas horas y su influencia es clara tanto en la ropa como en los nombres de muchas discotecas. Las discotecas de la capital han comprado pantallas gigantes y han abierto sus puertas desde la tarde hasta la madrugada para que los jóvenes mexicanos puedan bailar al son de la música de MTV.

El programa MTV Internacional, producción en lengua española de MTV, se puede ver en todo el continente americano, desde la Argentina hasta los Estados Unidos y Canadá (en Telemundo). La influencia de MTV Internacional es tal que puede permitirse incluir a algunos cantantes y excluir a otros, incluir la música que les guste y excluir otra. Así, por ejemplo, Julio Iglesias y salseros tradicionales como Tito Puente han sido excluidos. Y aunque muchos televidentes de MTV Internacional sean aficionados a la salsa y al merengue, esta música no se escucha.

Ha sido imposible parar la popularidad de estos vídeos pues forman parte de una cultura musical mundial.

---

[1] locutor (m.): *persona que habla ante el micrófono de estaciones de radio o televisión*

Discusión

¿Es correcto que la industria musical norteamericana domine los vídeos en la televisión?

Completa las oraciones.

1. Los vídeos musicales de MTV son
   ___   a. para la generación que mira la tele y adora la música.
   ___   b. hechos sólo para vender vídeos.
   ___   c. ejemplos de la sofisticación técnica de los Estados Unidos.

   2. A los jóvenes les gustan los vídeos
      ___   a. porque son en inglés.
      ___   b. porque muestran cantantes que son jóvenes y guapos.
      ___   c. porque se identifican con una cultura musical mundial.

3. No hay música tradicional en MTV
   ___   a. porque Julio Iglesias ya no está de moda.
   ___   b. porque la salsa y el merengue no son importantes en muchos países
          como Polonia y la India.
   ___   c. porque su base musical es el rock.

Navegando por la Red
Si deseas más información, consulta:

1. **Sernatur** (Servicio Nacional de Turismo)

2. **Grupos musicales:** Conjunto Millaray, Inti Illimani, Quilapayun

3. **Cantantes:** Violeta Parra, Víctor Jara, Ángel Parra, Héctor Pávez,
   Margot Loyola, Mercedes Sosa (Arg.), Atahualpa Yupanqui (Arg.)

4. **Música tradicional:** la cueca

5. **Autores:** Gabriela Mistral, Pablo Neruda

6. **Periódicos:** El Mercurio, La Época, La Tercera, Estrategia,
   Chip News, newspapers Chile

7. **Revistas:** Hoy, Qué pasa, Ercilla, Condorito, Punto Final

Pre-lectura: Piensa en lo que tú comes. Todo ha sido producido, empaquetado, transportado, vendido varias veces antes de llegar a tu mesa. Por ejemplo, ¿de dónde provienen las frutas que comes? ¿Sabes de qué lugares provienen en las diferentes estaciones del año?

CHILE: ¿MARAVILLA ECONÓMICA O DESASTRE ECOLÓGICO?

Lee la **definición** y escribe el **infinitivo** del **verbo** correspondiente. El número indica el párrafo donde puedes encontrar la palabra.

1 algo que produce otro suceso: __ca_____

1 efecto de una sustancia nociva que puede ocasionar malestar o muerte:
__enve_____ (sustantivo: el veneno)

2 trabajo en que se recogen los frutos:
__cose_____

3 enviar productos de un estado a otro:
__ex_____

4 falta de memoria: __olv_____

5 separar por medio de un instrumento:
__cor_____

1 A principios de marzo del año ´89 dos uvas fueron inyectadas con veneno. Dos pequeñas uvas chilenas importadas desde Chile a los Estados Unidos causaron pérdidas de millones de dólares y dejaron sin trabajo a miles de chilenos. Las uvas motivaron la suspensión de la importación de frutas chilenas a los Estados Unidos, Canadá, Japón y varios países europeos. Naturalmente, la cantidad de veneno en dos uvas fue pequeña y habría sido necesario comer varios kilos para que un niño sufriese algún efecto. Pero hubo una suspensión de importación por varias semanas, a pesar de que en la caja[1] había sólo dos uvas con veneno y que después de revisar 12 mil cajas no encontraron más fruta envenenada. Nunca antes dos gotas[2] de veneno habían provocado una reacción tan vasta.

2 En Chile la exportación de frutas ha tenido una expansión excepcional. Varios factores han causado este desarrollo: En los países consumidores, ha habido un cambio de dieta y el consumo de frutas frescas ha aumentado. Es decir que se ha creado un mercado para la fruta fresca. En el país productor, Chile en este caso, el clima y la situación geográfica se parecen mucho al clima de

---

[1] caja: *receptáculo*
[2] gota: *muy pequeña cantidad de líquido, en forma de glóbulo*

California con la importante diferencia de que las estaciones son contrarias. Es decir que las frutas y hortalizas[1] chilenas se cosechan y exportan durante los meses del verano chileno, que coincide con el invierno del hemisferio norte. También ha habido un gran progreso en los sistemas de embalaje[2] y de transporte marítimo y aéreo. Productos como la uva, que antes no se podían transportar, hoy son exportados.

3 Otras dos industrias también han conocido cambios importantes, la industria marítima y la maderera[3]. Chile, con su larga costa Pacífica, exporta grandes cantidades de productos marítimos: pescados, mariscos y sobre todo productos derivados como la harina de pescado. Los enormes bosques chilenos producen madera que es vendida, en gran proporción, a compañías japonesas para la fabricación de papel. En los últimos años, la cantidad de madera exportada se ha multiplicado y en consecuencia muchos árboles han sido cortados.

4 ¿Cuáles son los resultados de toda esta exportación? Las consecuencias positivas más claras son el alto número de nuevos empleos. Y éstos se encuentran no sólo en la producción, sino también en el embalaje y el transporte. Y naturalmente no hay que olvidar los importantes ingresos para los propietarios de todos los productos de exportación.

5 Entonces, ¿es ésta una experiencia totalmente positiva? No. También hay consecuencias negativas. El Codeff (Comité Nacional pro defensa de Flora y Fauna) ha notado que de los tres grandes sectores de exportación: agricultura, productos marítimos y madereros, los dos últimos son los más preocupantes. La pesca se está haciendo sin pensar en el futuro pues se están pescando peces jóvenes. No hay protección adecuada para ciertas especies y hay lugares donde ya, después de poco tiempo, hay especies escasas o en vía de desaparición. Lo mismo se puede decir de la exportación de madera. Por una parte se están cortando bosques enteros y por otra se están sustituyendo por una monocultura de pinos que ha reducido la cantidad de agua disponible en los valles. El Codeff argumenta que la explotación de materias primas se está haciendo pensando sólo en ganancias inmediatas y olvidando el futuro.

6 El dilema es claro: cualquier reducción tendrá consecuencias económicas importantes, entre ellas la pérdida de empleos y la disminución de ganancias. Entonces, ¿qué debemos hacer tanto en Chile como en el resto del mundo? ¿Debemos continuar el ritmo de producción masiva y encontrar soluciones para los problemas ecológicos en el futuro? ¿Tenemos que resignarnos y esperar los desastres de mañana? ¿O podemos ser más racionales y no pensar solamente en las ganancias a corto plazo[4] sino en las consecuencias a largo plazo?

---

[1] hortaliza: *planta comestible (pepino, pimiento, etc.)*
[2] embalaje (m.): *acción de empaquetar (hacer paquetes)*
[3] maderera: *de la madera, sustancia dura del árbol*
[4] corto plazo: *tiempo corto, inmediato*

Síntesis

Escoge la oración que resume mejor el texto.

1. ___ La agricultura chilena es muy importante pues es el único sector donde no hay grandes abusos ecológicos.
   2. ___ Los tres grandes sectores de exportación: agricultura, pesca e industria maderera han proporcionado muchos empleos sin preocuparse de la ecología.
3. ___ En los últimos años las exportaciones de materia prima chilena han ayudado mucho a la economía del país.

Comprensión del texto

A. Completa la oración con la palabra o frase adecuada.

a. productor	b. protector	c. multiplicador

1. Chile es un país _____ de productos agrícolas.

a. el embalaje y el transporte	b. el consumo	c. la sustitución de frutas

2. Ha habido gran progreso en _____.

a. para la construcción de casas	b. para productos derivados como harina de pescado	c. para hacer papel

3. Gran parte de la madera chilena se utiliza _____.

a. como el de California excepto que las estaciones son inversas	b. como en el Japón que compra mucha madera	c. como el de varios países europeos

4. En el centro del país donde crecen las frutas el clima chileno es _____.

B. Un experto chileno ha declarado que:

"El caso de la agricultura chilena es complicado, pues hay que admitir consecuencias positivas y negativas".

Explica el significado de la oración.

_____

_____

Vocabulario

A.   **Las frutas que Chile exporta son:**

la uva   la manzana   la pera

la ciruela   el durazno *(llamado melocotón en España)*

Emplea la lista de frutas para completar los espacios.

1. El manzano es un árbol que produce _____
2. La _____ es el fruto del peral.
3. El fruto de la viña se llama la _____.

B.

PRINCIPALES VARIEDADES DE UVAS DE MESA SEGÚN REGIÓN DE DESTINO
PERIODO I SEPTIEMBRE DE 1989 AL 31 DE AGOSTO DE 1990
EMBARCADAS POR TODOS LOS PUERTOS (Cifras en cajas)

Variedad	U.S.A.	Canadá	Europa	L. Oriente	M.Oriente	L.América	África	Volúmenes Comparativos Temp. 89/90	Temp. 88/89	% Variación
Thompson Seedless....	19.848.145	6.278	7.123.593	334.704	1.560.292	312.383	0	29.185.395	21.471.101	35,90
Flame Seedless...........	10.572.923	7.908	862.599	82.186	24.153	27.149	0	11.576.918	10.505.729	10,10
Ribier................................	337.993	2	5.312.235	592.406	1.166.310	200.575	0	7.609.521	6.683.514	13,80
Ruby Seedless...............	2.719.990	4	148.781	9.952	0	5.697	0	2.884.424	1.876.433	53,70
Black Seedless..............	2.415.340	0	252.674	4.876	10.239	6.756	0	2.689.885	1.593.504	68,80

Elaboración: Asociación de Exportadores de Chile A.G.
Fuente: Servicio Agrícola y Ganadero.

1. El producto detallado en este cuadro es la _____.
2. Las cifras representan el número de _____ exportadas.
3. El único continente que no importa este producto es _____.
4. El volumen de la temporada 89/90 es __m____r__ que el volumen de la temporada 88/89.
5. L. América significa Latinoamérica y L. Oriente significa Lejano Oriente. ¿Qué significa M. Oriente? _____
6. El comprador más importante de este producto es los Estados Unidos. ¿Quién es el segundo? _____

C. Hay varias formas de crear adjetivos.

Completa los espacios con tus propios conocimientos.

Con **AL**

la industria   industrial

_____   excepcional

la proporción   _____

_____

_____   invernal

                              experimental

el trópico   _____

_____   comercial

la tradición   _____

Con **ICO**

el _____   climático

_____   dietético

Ahora emplea las palabras en los espacios abajo.
¡Concordancias!

1. Un sector que ha logrado una expansión _____ en América Latina es el de productos agrícolas no tradicionales.
2. La importancia de los productos _____ de exportación, como por ejemplo la carne, ha disminuido a causa de la diversificación de las exportaciones.
3. En Europa, los Estados Unidos y el Canadá se ofrecen frutas frescas incluso durante el _____.
4. Los beneficios para los consumidores del hemisferio norte representan ingresos para los países como Chile y un aumento importante en el _____ y la producción agrícola.

Gramática

Se emplea el **subjuntivo** en la cláusula subordinada después de estas **sugerencias**:

basta que	indicar que
conviene que	insinuar que
convidar a uno que	invitar a uno a que
disuadir a uno de que	persuadir a uno que
importa que	proponer a uno que
proponerse que	es suficiente que
sugerir que	

Tú eres un agrónomo que está tratando de convencer a un agricultor chileno.

1. Quiero convencerlo para que _____ (disminuir) la cantidad de insecticidas que Ud. emplea.

2. Conviene que Ud. _____ (sustituir) algunos insecticidas nocivos por otros menos peligrosos.

3. También quiero proponerle que no _____ (emplear) el DDT.

4. Tal vez _____ (ser) conveniente darles máscaras a los empleados cuando empleen productos nocivos.

Oral ( ¡OJO! ¡UNA PREPARACIÓN ANTERIOR ES NECESARIA!)

Cada estudiante trae a clase una fruta a condición de poder responder a las siguientes preguntas que le hará un compañero de clase.

¿Cómo se llama esta fruta? ¿De qué país es?
¿Es posible saber la región de este país? ¿Es de un árbol?
¿Dónde fue comprada? ¿Es cara o barata? Se
utilizaron productos químicos en su producción?
¿Es posible importar esta fruta de otros países?
¿Cuáles? ¿En qué época?

Composición   LA AGRICULTURA Y LOS PRODUCTOS QUÍMICOS.

Preparación en clase (A y B)

A.   Haz una lista con los argumentos **a favor** de la utilización de **productos químicos** como por ejemplo:

1. _____*Aumentan la cosecha*_____   4. _____

2. _____   5. _____

3. _____   6. _____

B.   Ahora escribe una lista de las razones **en contra** de utilizar productos químicos.

1. _____*Contaminan la tierra*_____   4. _____

2. _____   5. _____

3. _____   6. _____

Escribe una composición donde explicas las diferentes opiniones y empleas los argumentos arriba mencionados. Recuerda al productor, al consumidor y la tierra.

---

[1] cosecha: *producto agrícola obtenido en la explotación de la tierra*

SEGUNDO TEXTO   LA MINA DE COBRE[1] DE CHUQUICAMATA

¿Qué es Chuquicamata y dónde se encuentra? Chuquicamata es la mina abierta más grande del mundo. El cobre que produce se exporta a muchos países y representa un importante ingreso para Chile. Chuquicamata se encuentra en el norte del país, en los altos Andes.

Chuquicamata forma un mundo aparte en el que la Corporación Nacional del Cobre, Codelco no sólo se encarga de la mina, sino que domina la vida de niños y adultos. Todo lo rige Codelco: desde el día en que uno nace, hasta el día en que muere; no sólo las decisiones técnicas, sino también las viviendas, el agua, la basura, las escuelas, las tiendas, en fin, todo, en la vida de un trabajador y su familia, depende de Codelco.

Trabajar en la mina de cobre de Chuquicamata tiene tantas ventajas como desventajas. Los beneficios para los trabajadores son varios: no pagan alquiler pues sus casas pertenecen a la compañía; el colegio de sus hijos, el hospital, todos los servicios van a cuenta de la compañía. El que pierde su empleo lo pierde todo: casa, colegio, servicios médicos y no le queda otra solución que dejar Chuquicamata e instalarse en otro lugar.

En los últimos años, la dirección de la mina ha insistido para que los trabajadores se muden[2] a Calama, ciudad cercana, a unos 600 metros menos de altura. No es para proteger la salud de los trabajadores por lo que se ha impuesto este desplazamiento, aunque el hecho de que la ciudad esté un poco alejada disminuye la contaminación. La razón por la cual ya más de la mitad de los trabajadores se han mudado de casa es que los geólogos han encontrado que por debajo de sus antiguas casas es donde se encuentran las mejores posibilidades de expansión para la mina. Es decir que poco a poco la mina se ha ido comiendo las casas.

---

[1] cobre (m.): *elemento químico; símbolo Cu; se utiliza para fabricar cables de conducción eléctrica, construcción, etc.*
[2] mudar: *cambiar de una casa a otra*

A pesar de que la contaminación es menor en Calama, los trabajadores notan sobre todo las desventajas. En Calama tienen que pagar por los servicios que en Chuquicamata eran gratuitos, como por ejemplo el alquiler; tienen que viajar a la mina al amanecer y al anochecer, una subida y una bajada peligrosa pues la mina se encuentra en plena cordillera y a veces puede haber hielo en el camino.

El hecho de que también los médicos trabajen para la compañía tal vez explica su mutismo. Según el sindicato, un 35% de la población sufre 'carraspera', esa tos[1] peligrosa que les acorta la vida a todos los que viven cerca de la mina; otros sufren envenenamiento[2] a causa del óxido de arsénico y también existe un elevado número de casos de cáncer. A veces, cuando hay nubes tóxicas, la radio previene a la gente y pide a los padres de familia que no envíen a sus hijos a la escuela y a las amas de casa que cierren las ventanas. Cuando el viento sopla fuerte, las nubes tóxicas llegan hasta la nieve de los Andes donde primero envenenan las llamas y luego, al derretirse el hielo, los ríos contaminan la costa. Por suerte, en los últimos años ha habido una importante reducción de la contaminación del aire, pues Codelco tiene una nueva determinación para descontaminar la región. Otra razón es que Codelco ahora tiene un mercado para el ácido sulfúrico y por lo tanto ha instalado un horno para recuperar el sulfuro.

Hablar de la mina de Chuquicamata es hablar en dimensiones de gigante. El hoyo[3] mide cuatro kilómetros de ancho y dos de profundo y el número de empleados es de diez mil. Otro ejemplo, para comprender las dimensiones de Chuquicamata, es describir sus camiones, construidos especialmente para Codelco: cada uno tiene la fuerza de 23 camiones corrientes; su motor es de 1.600 caballos y su peso de 100 toneladas. Todo en Chuquicamata es de esta escala.

Para terminar, hay que destacar un elemento positivo, uno muy distinto a los ingresos que el cobre trae al país. El equipo de fútbol de Chuquicamata es uno de los mejores de Chile y ha sido campeón nacional varias veces. Su nombre, Cobreloa, está compuesto de dos partes, cobre y Loa, nombre del río que pasa por Chuquicamata. ¿Quién paga a los jugadores y por supuesto compra a los mejores? Pues naturalmente es Codelco, dueño de Chuquicamata.

---

[1] tos (f.): *acción de expulsar el aire de los pulmones bruscamente*

[2] evenenamiento: *(verbo: evenenar); hacer enfermar o dar muerte con veneno (una sustancia tóxica)*

[3] hoyo: *concavidad redonda en la tierra*

A. Vocabulario

Escoge dos palabras de la lista sobre la industria (abajo, B)

En los años, '90 Codelco ha asignado mayor importancia a la disminución de costos, mejoramiento de la p_____, d_____, exploraciones y estudios.

B. Vocabulario temático

¿Sabes estas palabras? ¿Puedes añadir palabras a estas listas?

Frutos	Hortalizas y legumbres	Industria
aguacate (m.)	ajo	compañía
albaricoque	alcachofa	contaminación
almendra	apio	costo
cereza	berenjena	descontaminación
ciruela	calabaza	dirección
coco	cebolla	dueño
frambuesa	col (f.)	empleado
fresa	coliflor (f.)	empresa
higo	champiñón (m.), hongo, seta	ganancia
limón	espárrago	gerente
mandarina	espinaca	industria
manzana	frijol (m.), habichuela	ingreso
melocotón (m.), durazno	garbanzo	inversión
melón	lechuga	mano de obra
naranja	pepino	negocio
pera	pimiento	obrero
piña	rábano	productividad
plátano	remolacha, betarraga	producto
toronja, pomelo	tomate (m.)	trabajador
sandía	zanahoria	sindicato
uva		

Navegando por la Red

Si deseas más información, consulta:

1. **Sernatur** (Servicio Nacional de Turismo)

2. **Conaf:** (Corporación Nacional Forestal); CODEFF (Comité nacional Pro-Defensa de la Fauna y Flora); RENACE

3. **Minas:** CODELCO, Chuquicamata, El Teniente, Radomiro Tomic, Escondida Mine

4. **Ciudades:** Rancagua, Curico, Talca, Chillán, Concepción, (Chile) Los Ángeles

5. **Mundo natural:** Termas de Chillán, Salto de Laja, Parque Nacional Laguna de Laja

6. **Periódicos:** El Mercurio, La Época, La Tercera, Estrategia, Chip News, newspapers Chile

7. **Revistas:** Revista Hoy, Ercilla, Condorito, (Chile) Punto Final

Pre-lectura: ¿Conoces a alguien que haya tenido un accidente grave? ¿Sufrió quemaduras? ¿Cómo está esta persona ahora? Si es posible, da detalles sobre los efectos físicos y mentales de una persona que ha sufrido un accidente grave.

CARMEN QUINTANA

Lee la definición y encuentra la palabra en el párrafo indicado:

1 el/la que vive en exilio: _e_____

   2 poner o dejar caer (un líquido): _ech_____

2 poner fuego: _inc_____

   2 descomposición por fuego: __que_____ra__

3 líquido rojo que circula en las venas y arterias: _sa_____

   4 derecho de residencia que concede el gobierno: _as_____

6 volver a la normalidad física: _recu_____

   6 proceso judicial: _ju_____

7 intervención realizada por un cirujano: _op_____

1 El 2 de julio, 1986, Carmen Quintana, una estudiante chilena de 18 años, salió temprano de su casa en el distrito de Los Nogales. Ella, su hermana mayor y unos amigos estaban en camino a la manifestación[1] en contra del gobierno militar del General Pinochet. No muy lejos de su casa, se encontraron con unos soldados; todos corrieron y éstos sólo interceptaron a Carmen y a Rodrigo Rojas. Rodrigo, un joven chileno de 19 años, estaba de visita en Chile pues vivía en Washington, D.C. Él, su mamá y su hermano, habían pasado 10 años en Canadá y los Estados Unidos como exiliados.

2 Los soldados pararon e interrogaron a los dos jóvenes; luego les golpearon[2] y finalmente, en un acto de brutalidad inhumana, les echaron gasolina y los incendiaron. La hermana de Carmen y su novio fueron testigos[3] de la crueldad de los soldados. Carmen sufrió quemaduras en el 65 por ciento del cuerpo pero las de Rodrigo fueron aún peores y no sobrevivió al ataque. Después de cuatro días, murió.

[1] manifestación (f.): *expresión pública de opinión política*
[2] golpear: *efecto al juntarse una cosa sobre otra con violencia*
[3] testigo: *persona que ha presenciado algo y puede explicar lo que ha ocurrido*

3 La violencia contra estos dos jóvenes horrorizó al país y muchos chilenos se presentaron en el hospital para donar sangre. En aquellos años Chile estaba pasando por una época de gran represión y el gobierno militar trató de intimidar a la familia de Carmen. Primero llevaron a la cárcel[1] por 24 horas a la hermana mayor de Carmen y a su novio; luego amenazaron a los otros miembros de la familia. Los padres de Carmen vivieron unas semanas de terror, entre visitas al hospital y miedo de represalias contra sus otros cinco hijos.

4 En el hospital, Carmen seguía en un estado tan grave que no sabía que la violencia contra ella había comprometido a toda la familia. La prensa internacional hizo de ella y de Rodrigo casos célebres pues con ellos pudieron exponer al gobierno a críticas internacionales. Varios países propusieron el asilo político a la familia y los padres de Carmen tuvieron que tomar una serie de decisiones sumamente difíciles. Finalmente, decidieron salir de Chile no solamente por razones médicas, sino también para proteger a todos los miembros de la familia. Escogieron Canadá, pues éste fue el país que más ayuda les ofreció.

5 Carmen viajó de Santiago a Montreal en estado de coma, acompañada por su médico y su familia. Fue inmediatamente trasladada a una unidad especial para quemados, sobrepasó los primeros días críticos y luego empezó a reponerse lentamente, pues tenía una gran fuerza interior y un fuerte deseo de vivir. Para poder ser una persona independiente, no sólo soportó muchas operaciones y pasó muchísimas horas en fisioterapia, sino que también tuvo que volver a aprender las cosas más básicas: a sentarse, a caminar, a comer sola, a vestirse. Por encima de los problemas físicos, Carmen tuvo que adaptarse a ser otra. Antes había sido una bella señorita de 18 años. Pocos meses después, su cara era una máscara que los médicos estaban reconstruyendo con cirugía plástica.

6 Diez meses después, todavía en plena etapa de recuperación, Carmen viajó a Chile por seis días para encontrarse con el Papa Juan Pablo II y demostrar la crueldad del régimen. Ella había llegado a ser un símbolo chileno, símbolo de la oposición a la dictadura. Después, en julio del mismo año, volvió para participar en el juicio contra los militares que la habían quemado.

7 Finalmente en agosto del ´88 Carmen y su familia volvieron a Chile definitivamente. Ella todavía tenía problemas físicos y las operaciones continuaron en su país. Pero un año después de su llegada hubo elecciones democráticas en Chile y el gobierno que la había desfigurado cayó del poder. Hoy Carmen es más que un símbolo, es una persona que vive, que habla y que trabaja para el futuro de su país.

---

[1] cárcel (f.): *prisión*

Síntesis ¿Cuál de las oraciones resume **mejor** el texto?

1.___ Carmen es una persona que sufrió mucho y ha superado su sufrimiento.
2.___ A causa de su sufrimiento, su valor y su lucha por la democracia, Carmen es un símbolo chileno.
3.___ Carmen y su familia tuvieron que salir de Chile pero ahora han vuelto.

Comprensión de lectura

A. Escoge la frase más lógica.

1. Los soldados quemaron
___ a. a Carmen y a Rodrigo.
___ b. a Carmen porque estudiaba ingeniería y a Rodrigo.
___ c. a Carmen y a Rodrigo porque éste vivía exiliado.

2. Los padres decidieron salir del país
___ a. por razones médicas.
___ b. por razones políticas, especialmente por la seguridad de todos los miembros de la familia.
___ c. por razones médicas y políticas.

3. Carmen tuvo mucha fuerza
___ a. mental y un gran deseo de vivir.
___ b. física gracias a las operaciones y la fisioterapia.
___ c. y sangre porque muchos chilenos fueron al hospital a donarla.

4. Carmen vive
___a. en Chile y estudia ingeniería.
___b. en Chile parte del año y en Canadá parte del año porque estudia en una universidad en Canadá y los servicios médicos canadienses son excelentes.
___c. en Chile.

B. Indica V (verdad) o F (falso)

1. A Carmen sólo la operaron en Canadá. _____

2. En abril del '87 Carmen volvió a su país para visitar a su familia. _____

3. Rodrigo Rojas, quien murió después del ataque, era canadiense. _____

Vocabulario

A.   La siguiente foto de Carmen y su mamá muestra cómo era ella antes y cómo estaba pocos meses después del ataque.

Identifica las **partes del cuerpo** dónde Carmen sufrió quemaduras e indica el género de cada palabra (el o la):

___ cara	___ cabeza	___ brazo	___ mano

___ pierna	___ hombro	___ pecho	___ rodilla

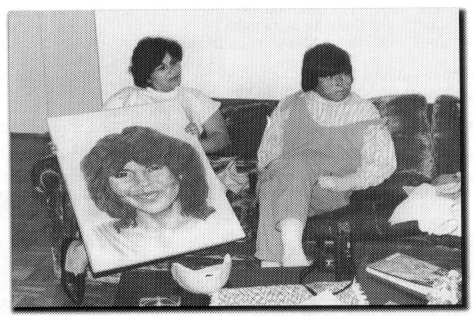

© Esmond Choueke

B. Su cara

Carmen tuvo mucha suerte pues sus **ojos** no fueron dañados. Los médicos reconstruyeron su **nariz**, una de sus **mejillas**, el **labio superior** y también sus **orejas**. Las **cejas** le volvieron a crecer y los dentistas le hicieron **dientes** postizos.

Emplea las letras para identificar las partes de su cara.

a. ojos
b. nariz
c. mejillas
d. labio superior

e. cuello
f. cejas
g. pestañas

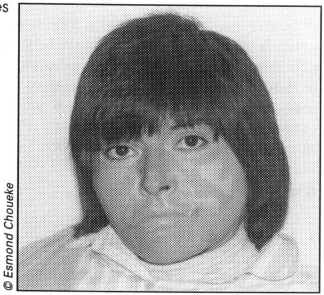

© Esmond Choueke

C. Las profesiones

abogado/a
veterinario/a
enfermero/a
profesor/a
psicólogo/a

ingeniero/a
antropólogo/a
cura
médico/a

¿Cuáles fueron los profesionales que ayudaron a Carmen? (¡Concordancias!)

1. En el Hospital El Trabajador de Santiago y en el Hotel-Dieu de Montreal, equipos de _____ y _____ le ayudaron.

2. También la familia Quintana obtuvo ayuda de profesionales paramédicos, _____, quienes les ayudaron a comprender y analizar su situación.

3. Cuando Carmen volvió a Chile para el juicio, le ayudaron los _____ de la Vicaría de la Solaridad, grupo defensor de los derechos humanos de la Iglesia Católica.

4. Su bienestar espiritual también necesitó cuidado. Éste lo dio un _____ .

Gramática

Se emplea el **subjuntivo** con las siguientes expresiones de **emoción**.

alegrar a uno que	encantar a uno que	extrañarse de que
alegrarse de que	esperar que	es inevitable que
es bueno que	es de esperar que	es inútil que
celebrar que	extrañar a uno que	es justo que
confiar en que	es de extrañar que	es una lástima que
es lógico que	es mejor que	tener miedo que
molestar a uno que	es natural que	es una pena que
es raro que	sentir que	temer que
es de temer de que	es triste que	

Completa con el subjuntivo.

1. Es triste que Carmen _____ (haber) sufrido tanto.

2. Es una gran pena que el régimen _____ (torturar) a tantos.

3. Es inútil que nos _____ (hacer) ilusiones sobre la reforma del ejército chileno.

4. Hay que alegrarse de que Chile _____ (haber) podido volver a la democracia.

5. Tenemos que confiar en que la implantación de la democracia _____ (ser) duradera.

Añade 2 frases sobre Carmen. Emplea el subjuntivo.

6. _____

7. _____

Oral Las consecuencias de un accidente

Primero, describe como ocurrió el accidente (coche, deporte, violencia).
Luego, indica las facultades que la persona ha perdido.
Finalmente, describe el efecto psicológico tanto para la persona misma como para su
familia y amigos.

Composición

Describe a un individuo que sirve de **ejemplo** a otros. Recuerda que no es
necesariamente alguien de la historia o de la política ni tampoco alguien que haya
sufrido. Puede ser un músico, un deportista, un amigo, etc. que sirve como ejemplo a
otras personas.

Vocabulario temático
¿Puedes añadir palabras?

Cuerpo humano		Muerte
barba	labio	aflicción (f.)
barbilla	lengua	defunción, muerte (f.), fallecimiento
bigote (m.)	mano (f.)	difunto, muerto
boca	mejilla	dolor, pena
brazo	nariz (f.)	entierro, sepelio, enterramiento
cabeza	oído	llorar
cadera	ojo	misa
cara	oreja	rezar
ceja	párpado	sepulcro
cerebro	pecho	tristeza
cintura	pelo, cabello	tumba
codo	pestaña	velar
columna vertebral	pie (m.)	
corazón (m.)	piel (f.)	
costilla	pierna	
cuello	pulgar	
cuerpo	pulmón	
dedo	riñón	
diente (m.)	rodilla	
espalda	sangre (f.)	
estómago	seno	
frente (f.)	talón (m.)	

SEGUNDA LECTURA LA CIENCIA AL SERVICIO DE LA DEMOCRACIA

Es deplorable, pero los casos de violación de los derechos humanos fue una de las características de la dictadura militar del General Augusto Pinochet. Durante aquella época la gente 'desaparecía' de sus casas, y entre los 'desaparecidos' muchos murieron en manos del régimen militar. En muchos casos los restos de las víctimas no fueron enterrados[1] en una tumba individual, sino en fosas comunes donde a veces había un elevado número de cadáveres.

Al volver el país a la democracia, muchas de las familias que habían perdido a los suyos quisieron identificar a los cadáveres para saber a ciencia cierta[2] si sus seres queridos ya no estaban en vida, para luego darles un entierro decente. Había entonces que exhumar[3] los cadáveres para identificarlos y esto, después de haber transcurrido varios años desde la muerte del individuo.

Para identificar un cadáver se necesita la antropología forense[4]. Esta ciencia se sirve de la metodología de la antropología, pero en lugar de descubrir los secretos de una tribu perdida, sirve en este caso para identificar a una persona muerta. Como toda ciencia, cuenta con la ayuda de científicos expertos en otras ramas, como por ejemplo dentistas, radiólogos y patólogos. También se sirve de la genética pues la sangre revela el código genético de un muerto. Éste se compara con el de los otros miembros de la misma familia, para así poder determinar el parentesco.

Para conocer la identidad de un cadáver, primero hay que desenterrar el cuerpo y evidentemente separarlo de los otros cadáveres de alrededor. Al igual que en un sitio arqueológico, esto se hace con sumo cuidado pues todo lo que está dentro de la fosa, como por ejemplo balas, pedazos de ropa, dientes sueltos o pelo, puede servir para la identificación de la persona. Una vez que el cadáver está desenterrado, los huesos[5] y cualquier otra cosa encontrada son transportados a la morgue.

En la morgue se hace el estudio minucioso del cadáver. El largo de los huesos, sobre todo los huesos de las piernas y los brazos, revela la talla del individuo. Así, si están buscando a un hombre que en vida medía 1m80 y los huesos revelan un adulto de 1m65, saben que no es el mismo individuo. Los huesos también revelan la edad pues los de un joven de 25 años son distintos de los de un anciano. La forma de la pelvis no sólo señala el sexo de la persona, sino que también, por el tamaño de la apertura, determina fácilmente si la mujer ha tenido o no ha tenido hijos. Si existen

---

[1] enterrar: *poner debajo de la tierra; dar sepultura a un cadáver*
[2] a ciencia cierta: *sin duda alguna*
[3] exhumar: *sacar de la sepultura un cadáver o restos humanos*
[4] antropología forense: *ciencia que se basa en el hecho de que el ser humano es una especie biológica con características exclusivas. Estos detalles se relacionan con la administración de justicia y son el trabajo de un detective científico.*
[5] hueso: *cada una de las piezas duras que forma el esqueleto*

rayos X, sobre todo de los dientes de la persona cuando estaba en vida, éstos se comparan con los encontrados. A veces, una herida anterior, como la fractura de un brazo revela, gracias a los rayos X de los huesos desenterrados, la identidad de la persona. En realidad, es la suma de todos los elementos mencionados lo que facilita la identificación final de un cadáver.

En algunos casos, el antropólogo forense descubre las atrocidades del régimen, como por ejemplo al encontrar un cadáver sin manos, u otro con muchos huesos rotos. Otras veces, a pesar de semanas, hasta meses de investigación, es imposible deducir a ciencia cierta la identidad del difunto. A pesar del sufrimiento que una exhumación significa para una familia, casi siempre quedan agradecidos. Una identificación de los restos quita las dudas finales y un entierro decente les permite continuar sus vidas a pesar del terrible dolor.

Hay que subrayar aquí que la dictadura del General Pinochet fue una época aberrante en la historia de Chile, pues este país tiene una larga historia de gobiernos democráticos, desde su independencia hasta nuestros días. Gracias a esta tradición es como Chile ha podido volver a la democracia y salir adelante.

Vocabulario de la muerte

Ariel Pérez Salazar, un joven de 26 años, murió en manos del gobierno militar. Su cadáver fue desenterrado, identificado y vuelto a enterrar. En esa triste ocasión, los miembros de su familia emplearon el siguiente vocabulario.

A. Encuentra el sinónimo (o los sinónimos) de las siguientes palabras.

enterramiento	defunción	sepelio
sepulcro	aflicción	difunto
tristeza	fallecimiento	pena

1. dolor _____   _____   _____

     2. muerto _____

3. muerte (f.) _____   _____

     4. entierro _____   _____

5. tumba _____

B. Emplea estas tres palabras en los espacios adecuados. Falta también conjugar los verbos.

velar¹	misa	llorar

1. En muchas religiones, se practica la costumbre de acompañar al muerto hasta el momento del entierro. Por esta razón, la familia de Ariel pasó la noche con sus restos. Ellos _____ al difunto.

2. Aquélla fue una noche muy dura, pues después de haber pasado cuatro años esperando desde su desaparición, sus padres y hermanos tuvieron que revivir el terrible dolor. Evidentemente, _____ gran parte de la noche.

3. La _____ de difuntos (o de réquiem) es parte de la liturgía católica y se dice por el muerto. A pesar de que la familia de Ariel no era muy creyente, fue un momento intenso.

Oral (en parejas) o **Composición**

Desgraciadamente, la muerte de un pariente o amigo nos ha tocado a todos. Explica a un compañero de clase dónde, cómo, cuándo y el porqué de la muerte de alguien que tú conocías. Luego tu compañero hará lo mismo.

Navegando por la Red
Si deseas más información, consulta:

1. **Sernatur** (Servicio Nacional de Turismo)

2. **Política:** General Augusto Pinochet, Salvador Allende, Eduardo Frei (padre e hijo); DINA

3. **Víctimas del General Pinochet:** Hortensia Bussi, Fabiola Letelier, Orlando Letelier, Víctor Jara, Caso Prats

4. **Derechos humanos:** Vicaría de la Solidaridad, Nigel S. Rodiey

5. **Revista:** La Rosa Blanca

6. **Centro de torturas:** Villa Grimaldi

---
¹ velar: *pasar la noche sin dormir o con un enfermo o con un cadáver*

NOTA CULTURAL:

LA CORTESÍA

Para los chilenos, como para todos los latinoamericanos, la cortesía es muy considerada. También el respeto es importante; lo aprenden de niños y lo practican siempre. Los chilenos hablan en voz baja y piensan que muchos extranjeros hablan muy fuerte.

Si tú recibes una invitación para ir a la casa de chilenos, recuerda que debes ser muy cortés con todos los miembros de la familia, desde los abuelos hasta los niños. Primero saluda y luego habla con todos. Y cuando te vayas de la casa, recuerda que también la despedida es un momento de importancia. Toma algunos minutos para agradecer[1] a cada miembro de la familia individualmente.

Si te invitan a un restaurante, por favor no pagues. Si el chileno invita, el chileno paga. Pero una invitación es recíproca. Tú debes invitar al chileno, y cuando tú invitas, tú pagas.

Recuerda que en Chile no se regatea. El precio indicado es el precio correcto y los chilenos se ofenderán si tú regateas.

Finalmente, recuerda que los chilenos toman sus vacaciones en enero y febrero. A no ser que tengas una invitación, éstos no son meses para visitar a las familias chilenas, pues estarán en la playa. Hay que ser cortés y no interrumpir sus vacaciones.

---

[1] agradecer: *decir gracias*

Pre-lectura: Compara el lenguaje hablado en las Américas con el de España. ¿Cuál es mejor? O, ¿son iguales en calidad? Entre los países americanos, ¿hay grandes diferencias en el lenguaje?

EL ESPAÑOL DE AMÉRICA: EL CASO URUGUAYO

Mira rápidamente el texto y fíjate en el tema principal de cada párrafo **excepto 8 y 10**.

____ Las diferencias de vocabulario varían según el país.

____ Los uruguayos emplean 'vos' en lugar de 'tú'.

____ En el lenguaje uruguayo hay muchas palabras del italiano.

____ El español de América es diferente del de España.

____ La lengua de los uruguayos se parece mucho a la de Buenos Aires.

____ Se notan diferencias en varios aspectos del idioma.

____ La pronunciación de los uruguayos (como la de los otros rioplatenses) es singular.

____ En las Américas, la segunda persona del plural ha desaparecido.

Montevideo

1 Lo que se dice en Madrid, ¿se dice también en Managua, Panamá y Montevideo? A veces. El español de América es diferente del idioma de España, pero, ¡atención! es perfectamente legítimo. Además, cada país americano tiene sus propios usos, sus propios convencionalismos idiomáticos, todos dentro de lo que nosotros llamamos español. Aun dentro de los mismos países hay variantes pues una lengua es algo vivo que cambia y varía según las épocas, las clases sociales, según la imaginación y necesidad de los que la hablan.

2 ¿Cuáles son las diferencias entre el español de la península Ibérica y el de las Américas? Éstas se notan en la pronunciación, en la gramática así como también en el vocabulario. Una diferencia entre España y América es la pronunciación de las letras **C** y **Z**. En España, se pronuncian como la TH del inglés, mientras que en las Américas se pronuncian como la S. ¿Por qué nunca ha existido la pronunciación española de estas letras en las Américas? Según los lingüistas, esta pronunciación se desarrolló en España alrededor del año 1700, es decir 200 años después de la conquista y colonización de las Américas. Mientras que los españoles aceptaron estos cambios, en algunas regiones más que en otras, las Américas nunca lo hicieron.

3 Otra diferencia importante es que en el continente americano ha desaparecido la conjugación de la segunda persona del plural, **vosotros**. Ésta ha sido reemplazada por **ustedes**. Con la supresión del vosotros las formas verbales correspondientes: **amáis, amábais, amaréis,** etc. han sido sustituidas por **aman, amaban, amarán,** etc. Otra desaparición es el posesivo **vuestro**, reemplazado por **su** o **sus**. Un español dice: -Venid a casa; mientras que un latinoamericano dice: -Vengan a casa. ¡Qué alegría para los estudiantes! ¡Una forma verbal eliminada!

4 En lo que se refiere al vocabulario en el Nuevo Mundo, hay palabras que son diferentes de las del Viejo Mundo. Así la 'remolacha' española se llama 'betarraga' en muchos países latinoamericanos, las 'gambas' españolas son 'camarones' en América. Hasta la lengua misma tiene otro nombre dado que el 'español' se llama 'castellano' en muchos países. También notamos palabras de los idiomas indígenas que son específicas a una región o a un país: el 'suéter' en España, se llama la 'chompa' en el Perú. Hay palabras cuyo significado varía según la región. Una 'guagua' es un bebé en el Perú y Chile, es un 'autobús' en Cuba, la República Dominicana y Puerto Rico y no existe como palabra en España.

5 ¿Y el Uruguay? El Uruguay es un país pequeño (el menor de Sudamérica con excepción de las Guayanas), situado entre dos gigantes, el Brasil y la Argentina. Mientras que en el norte del país el portugués interfiere en distintos grados con el español, en el sur, donde reside la gran mayoría de la población, se tiende a una pronunciación prácticamente idéntica a la de Buenos Aires.

6 Para la mayoría de los uruguayos su lengua refleja la posición geográfica teniendo como referencia el Río de la Plata. El 'rioplatense' es el idioma de gran parte del Uruguay como también de la enorme megalópolis de Buenos Aires y de la pampa cercana. Sobre el idioma de esta región hay muchas opiniones. Algunos expertos dicen que aquí es donde hay más irrespeto hacia las normas y reglas escritas de la gramática tradicional. Pero si vemos la lengua como algo variable y vivo y si no tenemos prejuicios, entonces podemos admitir estas diferencias.

7 A principios del siglo XX se oían más los dialectos del italiano que el castellano en Montevideo. Hoy, debido a la fuerte inmigración italiana, hay muchas frases y palabras incorporadas del italiano. En este país 'pibe' significa 'muchacho', 'gamba' es 'pierna', ambas palabras del italiano. Al igual que en muchos lugares, algunas de las palabras y expresiones utilizadas en Montevideo son puramente locales, mientras que otras, como por ejemplo 'chau' para decir adiós, se utilizan en gran parte del continente americano.

8 También la pronunciación de la región del Río de la Plata tiene elementos particulares. En el resto del continente la **ll** y la **y** se pronuncian **y**. Por ejemplo, escribimos **caballo** pero pronunciamos **cabayo**. Pero en la región de Buenos Aires y la mayor parte del Uruguay la **ll** se pronuncia **cabasho** (como la **sh** del inglés).

9 Otro elemento característico, pero no particular de la región, es la sustitución de la segunda persona 'tú' por 'vos'. Con el 'vos' también varían los verbos correspondientes. 'Tú tienes', por ejemplo, se convierte en 'vos tenés'. Como Mafalda es de Buenos Aires ella habla como todos los porteños.

Mafalda 9
© Quino/Quipos

10 Entonces, ¿es posible comprender el castellano de Montevideo? Claro. Sigue las reglas del idioma, con cambios locales. El primer día parece difícil, pero después de varios días es más fácil comprenderlo. ¿Y las palabras puramente locales? ¡Che, preguntá!

---

[1] lío: *cosa complicada, enredo*
[2] despiporre (m.): *escándalo, problema (expresión vulgar)*
[3] sandía: *fruta comestible redonda; grande, muy jugosa y dulce, con pepitas negras incrustadas en ella*

Comprensión del texto

Los elementos que caracterizan el lenguaje de las Américas son:

1. Elementos generales:

    A. En pronunciación: _____

    _____

    B. En gramática: _____

    _____

    C. En vocabulario: _____

    _____

2. Elementos característicos de la región rioplatense:

    A. En pronunciación: _____

    _____

    B. En gramática: _____

    _____

    C. En vocabulario: _____

    _____

Síntesis

El español del Uruguay refleja su posición geográfica:

a. ___ por ser un país muy pequeño, el menor después de las Guayanas.

    b. ___ por estar cerca del Río de la Plata, y por tener un lenguaje casi idéntico al de Buenos Aires y la pampa cercana.

c. ___ por tener muchas palabras del italiano gracias a la fuerte inmigración de ese país.

Vocabulario

A. ¿Qué reemplazan estos pronombres?
El número indica el párrafo donde se encuentra cada palabra.

1 línea 7 <u>la</u>_____   **2** línea 1 <u>el</u>_____

2 línea 2 <u>Éstas</u>_____   **4** línea 2 <u>las</u>_____

5 línea 5 <u>la</u>_____   **10** línea 3 comprender<u>lo</u>_____

B. En el Uruguay, no hay solamente palabras derivadas del italiano. También se emplean muchas **palabras del inglés** en los deportes, los negocios, el transporte, la comida y las diversiones. ¿Qué significan estos anglicismos en el Uruguay?

1. ___ shorts
2. ___ show
3. ___ sherry
4. ___ jeep
5. ___ grill
6. ___ club
7. ___ sandwich

a. vehículo, coche todo terreno
b. sociedad deportiva, literaria, etc.
c. películas documentales
d. cinema
e. pantalones cortos
f. parrilla
g. exhibición, espectáculo
h. bocadillo
i. vino de Jerez

C. En el siglo pasado **la influencia del francés** fue considerable y hasta nuestros días ese idioma es símbolo de refinamiento. ¿Qué significan estos galicismos?

1. ___ buffet
2. ___ chaperona
3. ___ omelet
4. ___ boutique

a. tipo de tren
b. tienda pequeña
c. tortilla
d. comida en la que cada invitado se sirve solo
e. acompañante
f. farmacia

Gramática

Se emplea el **subjuntivo** con las siguientes expresiones **negativas**.

no es cierto que	no es seguro que	desmentir que
no es verdad	dudar que	sin que
es dudoso que	es increíble que	negar que
no querer decir que	ignorar que	

Juan Manuel, un joven español, llega al Uruguay y está totalmente convencido de que el lenguaje de Madrid es mejor. Guillermo, un estudiante uruguayo, le responde muy enfáticamente.

Completa las oraciones de Juan Manuel.

1. Juan Manuel - Dudo que el vocabulario empleado en este país _____

_____

Guillermo - Por favor. Nuestro vocabulario es tan rico como el de Uds.

2. Juan Manuel - No es cierto que la lengua _____

_____

Guillermo - ¿Cómo? Nuestra lengua es tan bella y es tan bien pronunciada como la de ustedes.

3. Juan Manuel - Es increíble que en el Uruguay _____

_____

Guillermo - ¡Eres un exagerado! Empleamos muchas palabras de otros idiomas pero tú también lo haces.

4. Juan Manuel - No es verdad que la lengua del Uruguay _____

_____

Guillermo - ¡Basta! Yo no puedo discutir contigo. Nuestra lengua es perfectamente legítima.

Un problema por resolver

El español es la lengua oficial de 20 naciones y el número exacto de hispanohablantes es muy difícil determinarlo. Las cifras varían entre 125 y 350 millones pero la cifra aceptada es de 350 millones. La población de España es de 40 millones así que es evidente que la gran mayoría de hispanohablantes vive en el continente americano.

Indica el **porcentaje** (%) de hispanohablantes que vive en **España**. _____%

Oral

A. Explica las diferencias entre el idioma que tú hablas y el mismo idioma en otro(s) continente(s). Da **tres** ejemplos de cada categoría:

   a. vocabulario
      b. pronunciación
         c. gramática

B. ¿Puedes imitar como habla un británico o un francés? ¿Qué estereotipos existen sobre su forma de hablar? ¿Por qué piensas que existen estos estereotipos?

Navegando por la Red
Si deseas más información, consulta:

1. **Persona:** Antonio de Nebrija

2. **Lenguas derivadas del latín vulgar:** lengua italiana, lengua portuguesa, lengua española, lengua francesa, lengua catalana, Sardinian language, Rumanian language

3. **Lenguas que se hablan hoy en España:** catalán, gallego lengua, vasco lengua

4. **En la Argentina:** lunfardo

Trabajo de biblioteca

En un diccionario etimológico busca el **origen** de **10** de las siguientes palabras. Como todas estas palabras existen en muchas lenguas, puedes utilizar también una enciclopedia o un diccionario etimológico en tu propio idioma.

1. hambre ___latin_____

2. vicuña _____

3. alcohol _____

4. chicle _____

5. chocolate _____

6. tapioca _____

7. banana _____

8. whisky _____

9. amigo _____

10. maíz _____

11. coca _____

12. pizza _____

13. barbacoa _____

14. kilómetro _____

taíno:	lengua de las personas que vivieron en las islas del Caribe
aimará y quechua:	lenguas de la región andina, sobre todo del Perú y Bolivia
náhuatl:	lengua de América Central
guaraní:	lengua del Paraguay

SEGUNDO TEXTO LA REAL ACADEMIA Y EL LENGUAJE COLOQUIAL

El español es la lengua oficial de veinte países y lo hablan unos 350 millones en todos los continentes, salvo Australia. A primera vista, las diferencias lingüísticas entre España y las Américas y entre los diferentes países latinoamericanos y las regiones españolas parecen muy grandes, pero, gracias al importante trabajo de la Real Academia, los hispanohablantes se entienden bastante bien entre ellos, sobre todo en lo que se refiere a la lengua escrita.

En nuestros días, la Real Academia está integrada por las 25 academias de la lengua española en el mundo, que forman una asociación cuya finalidad no es solamente elaborar el diccionario, sino también luchar permanente y activamente por la defensa del idioma. Su cometido fundamental es mantener la unidad del español estándar. De las 25 academias, 22 son hispanoamericanas, una de Estados Unidos, otra de Filipinas y obviamente la española.

Son los miembros de la Real Academia quienes, según un riguroso sistema de análisis, deciden qué palabras se incluyen o se excluyen del *Diccionario de la Real Academia Española* (D.R.A.E.). En cada nueva edición del D.R.A.E. se da entrada a nuevas palabras. Por ejemplo, 'teléfono', 'filme', son palabras que han sido añadidas en el siglo XX. Por otra parte, la palabra 'sandwich', no está incluida en el D.R.A.E. Son los miembros de la Real Academia Española quienes decidirán si algún día ésta, como tantas otras palabras de uso corriente, serán aceptadas. Muchos critican no sólo la lentitud con la cual la Real Academia integra nuevas palabras, sino también la decisión arbitraria de incluir algunas y excluir otras. Hace años, otros diccionarios habían decidido que la **ch** y la **ll** no eran letras como tal y por lo tanto no debían aparecer después de las letras **c** y **l**, sino integradas dentro de los vocablos **c** y **l**. En el año1994, los miembros de la Real Academia sorprendieron a todo el mundo al aceptar este cambio radical.

Más allá de las reglas y decisiones de la Real Academia, está la realidad, la forma en que la gente se expresa en español. El hispanohablante emplea varias formas del habla, según la situación. Así, por ejemplo, los dos diálogos en la página siguiente dicen la misma cosa, salvo que lo dicen de manera diferente. A la izquierda está el diálogo entre dos estudiantes españoles que se encuentran en un café; éstos emplean un lenguaje vulgar, con expresiones corrientes o de moda, sin mucha atención a la repetición ni a la oración completa. Pero a la derecha, hay otra forma del habla, cuando los mismos amigos se ven en la sala de clase.

Vulgar	**Coloquial**
Juan - Oye tío, ¿cómo te va?	- Hola, Pepe, ¿cómo te va?
Pepe - Voy tirando.	- Me va más o menos.
Juan - Coño, ¿qué te pasa ahora?	- ¿Qué te ha pasado?
Pepe - Se ma escacharrao el coche y no tengo pasta pa' arreglarlo.	- Se me ha estropeado el coche y no tengo dinero para arreglarlo.

Mientras que en el primer diálogo el lenguaje de Juan y Pepe es vulgar, en el segundo es más correcto, sin vulgarismos ni oraciones incompletas. Éste último, tanto oral como escrito más formal, es el de una carta a un amigo, un texto o la forma de hablar de tu profesor.

Un tercer nivel de lenguaje es el escrito formal. Sus características son las siguientes: uso de oraciones complejas con sintaxis compleja y con un vocabulario dificultoso. Pepe escribe a su compañía de seguros:

Distinguido Sr:

Por la presente le envío los documentos referentes al accidente ocurrido en la calle del Peldaño el día 15 del presente, cuyo resultado fue el despedazamiento del parabrisas de mi coche, marca Seat, del año 1990...

Quedo a su disposición para aclararle cualquier detalle. Espero sus noticias al respecto y le saludo muy atentamente.

Los tres niveles de la lengua son formas perfectamente legítimas. El lenguaje que se va a emplear depende de la situación y de la relación entre las personas. Al igual que todas las lenguas, el español varía tanto en el lenguaje oral como en el escrito.

Punta del **Este**

Te toca

Escribe

1. Una palabra que se emplea en España, pero que no se usa en las Américas:

   _____

2. Una palabra que se usa en uno o dos países americanos, pero que no se
   oye en otros: _____

3. Un elemento particular del lenguaje americano: _____

4. Una palabra que se pronuncia de forma distinta en la península Ibérica y en
   las Américas: _____

   Explica la diferencia de pronunciación: _____

5. Un refrán que todos los hispanohablantes emplean: _____

   _____

6. Una expresión que tu profesor emplea. _____

   ¿Es de una región o es de uso general? _____

Tema de discusión o composición

Un estudiante toma la posición A, el segundo la posición B.

Voy a surfear por la red en mi compu.

A. Nosotros estamos viviendo en una época en que la degeneración de la lengua es mayor que en otras épocas. Hay como una avalancha de términos en inglés sobre el español, cosa que está destruyendo el idioma. Es necesario crear nuevas palabras, en español, para no tener que emplear tanto el inglés y corromper el idioma.

B. El hecho es que una lengua está en constante evolución, lo que significa que hay palabras o estructuras de idiomas vecinos que se le incorporan. En el mundo español actual, los términos que designan la técnica, en general, vienen del inglés. Entonces es muy explicable que éstos se integren a la lengua y se españolicen. Puede ser una forma de enriquecer el idioma.

Vocabulario temático: la lengua
  ¿Puedes añadir palabras?

aprender	hispanohablante
castellano	idioma (m.)
coloquial	lengua
culto	lenguaje (m.)
escribir	oración (f.)
escrito	pronunciación (f.)
español	pronunciar
formal	término
habla (f.)	vocablo
hablar	vulgarismo

Pre-lectura: ¿Te gusta el teatro? ¿En tu colegio presentan obras de teatro? ¿Piensas que las obras de teatro de tu colegio son más o menos importantes que las competiciones deportivas? ¿Por qué?

EL GALPÓN Y EL TEATRO URUGUAYO

Lee la definición y encuentra la palabra en el párrafo correspondiente.

2 cerrar oficialmente: _____

    2 conjunto de los actores que componen una compañía teatral: _____

3 acción en público para divertir o recrear: _____

    3 acción de poner en escena una obra: _____

5 el texto escrito para ser representado en un teatro: _____

    5 gente; conjunto de personas determinado por alguna circunstancia que le da unidad: _____

6 escrito o dibujo, con un aviso o anuncio: _____

1 El *Diccionario de uso del español* de María Moliner, define 'exilio' de la siguiente manera: "destierro; en especial, el impuesto a la persona de que se trata por las circunstancias de su país, y más particularmente, por las persecuciones políticas". La definición explica lo que vivieron los miembros de El Galpón en México. Lo que hace falta añadir es el dolor, la pena, el sufrimiento que es vivir en el exilio.

2 En los años '70, al empezar la dictadura en el Uruguay, todos los elementos progresistas del país se encontraron en peligro. A los miembros de El Galpón, un grupo de aficionados al teatro, les ocurrió lo siguiente: primero les prohibieron trabajar a algunas de las figuras más importantes; luego no les permitieron pisar los teatros y finalmente se produjo la clausura, pues El Galpón fue disuelto por decreto presidencial. En aquella época, El Galpón tenía unos 100 miembros y a causa de la dictadura, el elenco fue dividido en dos grandes grupos: los que se quedaron en el Uruguay y los que tuvieron que salir al exilio. El núcleo más importante de los exiliados trabajó en México, mientras que otros se marcharon a distintos países latinoamericanos y a Europa. De los que se quedaron en el país, algunos fueron encarcelados y torturados, mientras que otros permanecieron libres.

3 Gracias a la ayuda de México, un núcleo importante se reconstituyó como compañía teatral en el exilio. En México, estuvieron primero en un hotel para refugiados, pero poco después tuvieron un contrato que les permitió instalarse. Tal vez la decisión más grande que tomaron fue hacer un juramento de que nadie iba a trabajar en otra cosa que El Galpón. Mientras que en el Uruguay los miembros del elenco habían tenido que trabajar durante el día en otras profesiones, una vez en México, a pesar de las grandes dificultades del principio, se dedicaron exclusivamente al teatro. Vivían en el mismo barrio, ayudándose mutuamente hasta parecer una familia por su unidad ideológica y una perspectiva de trabajo muy fuerte. En el año 1979, a los tres años de estar en México, la Secretaría de Educación Pública compró un paquete de espectáculos, un año entero de representaciones, y desde esa época pudieron salir adelante.

4 El exilio fue una experiencia tan rica como penosa. Por un lado, estaban pendientes de la situación en el Uruguay; pensaban en los compañeros que estaban en la cárcel, en los que eran torturados e hicieron colectas de fondos para su país. Por otro lado, la estadía en México fue muy activa. Conocieron un país muy distinto al suyo, con una realidad indígena que no existía en el Uruguay. Tuvieron la suerte de estar en un país donde se hablaba el mismo idioma y allí aprendieron la riqueza de otros modismos y otra pronunciación. Otro elemento de gran valor fue que viajaron sistemáticamente al interior del país y se dieron cuenta de que el estereotipo de los mariachis con grandes sombreros, no correspondía a la realidad mexicana.

5 La figura de Atahualpa del Cioppo es vital en el teatro uruguayo y en El Galpón. En el momento del exilio él ya tenía 77 años, toda una vida en el mundo teatral. Había formado varios elencos, El Galpón entre ellos, y había dirigido un sinnúmero de obras de todo género y para todo público. A pesar de sus años seguía con el mismo genio creativo y la misma energía organizadora de siempre. Por su reputación internacional, el gobierno lo dejó salir inmediatamente y estuvo primero en Costa Rica, pero luego se unió a los compañeros en México.

6 Después de haber pasado más de ocho años en el exilio en México, la vuelta al Uruguay fue un momento de gran emoción. Entre los chicos venían algunos que no recordaban el Uruguay y otros que habían nacido en México. Llegaron a Buenos Aires y de allí salieron a Montevideo, vuelo que dura sólo unos 25 minutos. Al ver Montevideo empezaron a cantar y a llorar; algunos se abrazaban y los demás viajeros del avión no sabían qué pensar. Al bajar del avión vieron sólo a unas ocho personas y pensaron que ni los familiares estaban para darles la bienvenida. Estaban equivocados. Durante su ausencia, el aeropuerto había sido modificado y en realidad miles de personas los esperaban: las familias, los compañeros de teatro, todos los partidos políticos con banderas y carteles. Al verlos, empezaron a cantar el himno nacional y a tirar flores. Salieron del aeropuerto en una caravana de cientos de personas hasta un local donde se hizo una conferencia de prensa. En el camino, la gente de las playas los saludaba. Simbólicamente, su llegada representó el fin de la dictadura.

7 El Galpón forma parte del teatro independiente uruguayo y es único por tener tres períodos muy distintos. Los primeros 27 años, existió como teatro aficionado en el Uruguay; luego, el exilio en México, y finalmente, la tercera época, la vuelta al Uruguay. Esta compañía teatral se distingue porque representa las corrientes más progresistas de la sociedad uruguaya y en cierta época llegó a simbolizar una sociedad democrática.

Comprensión del texto

A. **Escoge** una de las tres categorías. Recuerda que N.I. significa no indicado.

	Verdad	Falso	N.I.
1. Atahualpa del Cioppo ha muerto.	____	____	____
2. Algunos integrantes de El Galpón que se quedaron en el país fueron encarcelados.	____	____	____
3. El exilio tuvo elementos positivos y negativos.	____	____	____
4. En los años '70 el gobierno cerró el teatro El Galpón.	____	____	____
5. Algunos de los actores que estaban exiliados en México no volvieron al Uruguay.	____	____	____
6. Todos los miembros de El Galpón recibieron premios de la Secretaría Pública de Educación por su trabajo.	____	____	____

B. Entre las tres oraciones que siguen, una es la mejor **síntesis** del texto. ¿Cuál?

____　1. El Galpón fue una compañía teatral de gran importancia en el Uruguay, pero en nuestros días ya no es el caso.

____　2. El Galpón se destaca por su influencia en el mundo cultural uruguayo a través de medio siglo.

____　3. Por haber tenido tres épocas muy distintas, El Galpón es la mejor compañía teatral del Uruguay.

Vocabulario

El teatro

ensayo	repertorio	actriz
representación	obra	elenco
director	espectáculo	temporada
actor	estreno	espectador
gira	escuela de teatro	

1. Desde su creación, el repertorio de El Galpón exponía los problemas de su tiempo. Así, al principio se presentaban dos _____ , una liviana y otra ideológica.

2. El Galpón fue el primer _____ de Sudamérica que montó las obras de Brecht, autor alemán que plantea problemas ideológicos. También intentaron representar a los clásicos pero de forma más accesible al público y no como piezas de museo.

3. De vuelta al Uruguay se abrió un enorme trabajo de extensión cultural, de actuaciones tanto en la ciudad como por los barrios y _____ por el interior.

4. Además, El Galpón tiene una _____ donde se forman actores y técnicos.

Signos de puntuación

1. asterisco   *   2. guión   –   3. coma   ,
4. comillas   " "   5. comillas simples ' '   6. interrogación ¿   ?
7. corchetes   [   ]   8. paréntesis   (   )   9. diéresis   ¨
10. punto   .   11. exclamación   ¡   !   12. punto y coma   ;
13. dos puntos   :   14. puntos suspensivos ...   15. raya   —
16. tilde ~   17. (letras) mayúsculas ABC 18. aparte
19. (letras) minúsculas abc

Con los **números** correspondientes, **identifica** los signos de puntuación empleados en los siguientes párrafos.

El Galpón siempre ha buscado cierta distancia entre la experiencia inmediata y el teatro que produce. Los miembros piensan que un planteamiento general es más *(16)* eficaz. Por lo tanto, estando fuera del Uruguay pusieron en escena "Pedro y el capitán" (_____), obra que denuncia la tortura, toca el tema del desaparecido, del muerto, del hombre que sufre la represión, sin hacer alusión al Uruguay.

Una vez de vuelta al Uruguay, presentaron "Artigas", obra que concibieron en el exilio como denuncia indirecta de la dictadura. "Artigas" fue una creación colectiva; (_____) un ejemplo de la forma de trabajar del elenco. Partieron de un texto, luego lo trabajaron, lo modificaron, después de muchas discusiones y cinco versiones, llegaron a un punto que les pareció aceptable.

¿Quién fue Artigas? (_____) Fue el caudillo de la independencia del Uruguay, quien liberó a su país de España, pero que tuvo que pasar el resto de su vida en el exilio. La fuerza de la pieza es que siempre corresponde a la realidad del lugar donde se presenta. Cuando presentaron "Artigas" en otros países, los espectadores siempre lo identificaron con el héroe de su país. Así, aunque su nombre sea Artigas, en Venezuela (_____) dijeron: (_____) "Éste es Bolívar", en Nicaragua: "Éste es Sandino".

Gramática

Se emplea el **subjuntivo** con las siguientes expresiones de posibilidad y probabilidad.

acaso	es posible que	posiblemente
es probable que	puede (ser) que	tal vez
quizás	ojalá	

Y las siguientes expresiones en forma negativa en que se imagina o desea algo.

no figurarse que	no imaginarse que	no suponer que
no se presume que	no es de presumir que	

Completa

1. Es probable que la figura de Atahualpa del Cioppo _____ (ser) vital en el teatro uruguayo.

2. Quizás la estadía en México _____ (cambiar) la visión que los miembros del elenco tenían sobre ese país.

3. Es posible que la vuelta de El Galpón al Uruguay _____ (representar) simbólicamente el fin de la dictadura.

Oral

Un estudiante toma la posición en pro y otro la posición en contra.

(Recuerda que el 'arte' es un término muy general. Puede referirse a la música, la pintura, la literatura como también a la creación de joyería, alfarería[1], etc.)

A. "El arte tiene un poder de comunicación tan tremendo que pone a la gente en un estado especial".

B. "El arte es sólo para una minoría educada pues las masas no lo comprenden".

---

[1] alfarería: *arte de fabricar vasijas de barro*

Composición

Escoge un tema.

1. Una experiencia singular. Cuenta cómo al participar en grupo en una actividad, sea cultural, deportiva o familiar, se crearon lazos importantes, un sentimiento de unión, de pertenecer a algo que, por el hecho de unir a los participantes, creó algo más grande. Da ejemplos.

2. La unión hace la fuerza.

Vocabulario temático: el teatro
¿Puedes añadir palabras?

actor (m.)	director	grupo teatral
actriz	elenco	montar
actuación (f.)	ensayo	obra
clásico	escenografía	pieza
comedia	espectáculo	repertorio
contemporáneo	espectador	representación (f.)
creación (f.)	estreno	temporada
crear	gira	tragedia

Navegando por la Red
Si deseas más información, consulta:

1. **Teatros:** Teatro Solís, Teatro Colón (Arg.)

2. **Autores:** Manuel Puig, Mario Benedetti, Eduardo Galeano

3. **Política:** José Gervasio Artigas, Batlle y Ordóñez; **Guerrilla:** Tupamaros

4. **Bebida:** yerba mate

5. **Periódicos:** El País, La República, El Observador, newspapers Uruguay

6. **Revistas:** Cuadernos de Marcha, FACTUM, Tribuna, Semanario Brecha, Marca

SEGUNDO TEXTO LA CREACIÓN ARTÍSTICA DENTRO DE LA CÁRCEL

Mientras que algunos de los miembros de El Galpón pasaron años en el exilio, otros estuvieron en la cárcel en el Uruguay. Entre ellos hay que destacar a varios actores como también al dramaturgo uruguayo Mauricio Rosencof.

Luis Mario Fourcade, integrante de El Galpón, estuvo encarcelado durante cinco años, en varios penales. Mientras que en unos centros la situación fue mucho más rigurosa, en otros se podía leer y había recreos regulares. En una cárcel, compañeros que nunca habían trabajado la lana, ni el metal, ni la madera, crearon cosas maravillosas. Fue allí donde, para educar y entretenerse, los hombres empezaron a hablar de sus profesiones, desde la neurocirugía hasta el sindicalismo. Pasaron de lo personal a contar libros y progresaron hasta comenzar a hacer improvisaciones. El tema más común de una improvisación era la burla de la situación en que se encontraban. Luego, montaron piezas, tomando sólo algunas escenas claves. A falta de libros, trataron de recordar los textos; luego, para la presentación, empleaban sus frazadas y sábanas para el decorado. Según Fourcade, el preso tiene que sobrevivir como ser humano; es decir, tiene que defender la dignidad humana; el teatro fue uno de los elementos que le ayudaron a hacerlo. Al salir de la cárcel, pudo reintegrarse a El Galpón y continuar una vida en libertad con el teatro.

Las dos actrices Sonia Mosquera y Raquel Dupont, ambas prisioneras por más de una década, sufrieron torturas y perdieron su juventud en los largos años de encierro. Al igual que la situación de Fourcade, comenzaron contándose novelas y en un momento se dieron cuenta de que lo que estaban haciendo era una especie de representación y quisieron llevarla más adelante. Empezaron con sketches y cosas de humor, sobre todo en época de fiestas, y luego pasaron a novelas. La primera que representaron fue *La Madre* del autor ruso Gorki, haciendo sólo algunas escenas centrales, pues como no tenían el libro, tuvieron que recordarlo. Como estaban en la cárcel, todo se hacía en secreto y la representación misma se hacía con la ayuda de compañeras que vigilaban para evitar que los guardias las vieran. Mosquera y Dupont, como muchas otras compañeras, escribieron todo tipo de literatura, cuentos, poesía y algunas obras de teatro. Es interesante notar que la temática de las obras escritas dentro de la cárcel es muy variada, pues no sólo están el reencuentro y las marcas que quedan de la cárcel, sino también anécdotas de la niñez y cuentos imaginarios que no tienen relación con la situación en que se encontraban las mujeres. Es importante recordar que todo se hacía dentro de una vida marcada por horarios y órdenes; a veces faltaba comida, otras había una quema de libros, a veces llevaban a una persona a la tortura, y todas las mujeres estaban siempre bajo la vigilancia de guardias armados.

Sin duda la situación del dramaturgo Mauricio Rosencof fue muchísimo más grave que las anteriores, dado que pasó 13 años incomunicado, en situaciones que muchos otros no hubiesen soportado. Dentro de la cárcel escribió seis obras de teatro y un libro de poemas, hazaña que muestra la fuerza de la creación en condiciones específicamente creadas para destruirla. Aunque Rosencof no pertenecía al elenco de El Galpón como tal, sus obras habían sido representadas por El Galpón y por mucho tiempo había colaborado con Atahualpa del Cioppo.

Rosencof fue uno de los fundadores del grupo guerrillero llamado Tupamaros, el Movimiento de Liberación Nacional. Este movimiento nació durante la dictadura de Jorge Pacheco Areco a causa de la gran represión que causó el gobierno. Después de su arrestación Rosencof pasó nueve meses de torturas, y luego fue confinado con ocho compañeros, aislados del mundo exterior e incomunicados entre ellos. Una vez al mes veían a su familia por treinta minutos, detrás de una reja doble, rodeados de guardias armados y con perros. Sus celdas medían dos metros por uno y no tenían muebles. Su falta de información era tal que se enteraban de las noticias años después, y eso por los diarios de los que se servían para su higiene en el retrete. Una de sus obras la escribió con un lápiz que le proporcionó clandestinamente uno de los guardias para que redactara cartas a su compañera. Rosencof escribía en las hojillas de fumar que luego arrollaba y escondía en la ropa pues cada cierto tiempo entregaba su ropa a su familia para el lavado.

El siguiente poema, uno de sus primeros, lo memorizó pues no disponía entonces de papel ni lápiz.

> Nunca sé si acabaré
> el verso que te escribo.
> Una tarde
> quedará suspensa
> la palabra
> que no cierra el punto,
> y serán las letras
> sólo tinta fría.
> Pero tú
> comprenderás mi amor
> aun en el verso
> que no diga.[1]

Síntesis

Completa la siguiente frase.

Pienso que _____

_____

---

[1] Marina Pianca, *Testimonios de teatro latinoamericano*. Buenos Aires: Grupo Editor Latinoamericano, Colección Estudios Internacionales, p. 222.

Oral

A. **Debate** Un alumno toma la posición 1 y el otro la posición 2.

1. En una cárcel, es inútil gastar dinero en material y profesores de arte, música u otras distracciones. Si alguien está en la cárcel es porque ha cometido un crimen y debe pagarlo. Si se ayuda al preso, se debe hacer con cursillos útiles para enseñarle a ser electricista o fontanero, y no con tonterías[1] como el arte.

2. La fuerza del arte es un elemento vital y auténtico en la reeducación carcelaria. A pesar de lo que digan otros, su significado en la reeducación de los presos es muy grande. A través del arte el preso puede expresar sus sentimientos más profundos, y así puede analizar y llegar a comprender los motivos de su comportamiento. En efecto, el arte y la creatividad ayudan al preso no sólo en la cárcel, sino también al salir.

B. **Subrayen** los adjetivos que son pertinentes a la <u>experiencia carcelaria</u>. Algunos pueden aplicarse y otros no.

Discutan para ver si se ponen de acuerdo.

contento	sociable	solitario	delgado
ambicioso	grande	despistado	triste
inteligente	orgulloso	sucio	valiente
bonito	hermoso	estupendo	tenaz
pobre	antiguo	materno	ocioso
astuto	amistoso	divertido	gordo

★ NOTA: Fueron los Tupamaros quienes secuestraron y luego mataron a un supuesto agente del servicio de inteligencia americano, CIA, hecho que el cineasta griego Costa-Gavras, presentó en su película *Estado de Sitio*.

---

[1] tontería: *cosa insignificante*

Pre-lectura: Donde tú vives, ¿hay alguna iglesia que tenga importancia política? ¿En el pasado eran más fuertes las instituciones religiosas? ¿Era más o menos importante la religón? Da ejemplos, por favor.

TREINTA COMUNIDADES UTÓPICAS: LOS JESUITAS EN EL PARAGUAY

Mira rápidamente el texto y **fíjate** en el tema principal de los párrafos **pares**:

____ Los jesuitas enseñaron sólo lo que ellos pensaron que los guaraníes necesitaban aprender.

____ Las mujeres tenían pocos privilegios.

____ En el Paraguay, los jesuitas establecieron misiones para proteger y evangelizar a los guaraníes.

____ Las misiones desaparecieron después de la expulsión de los jesuitas.

____ En las misiones, los jesuitas daban las órdenes y los guaraníes las obedecían.

Lectura de 9 minutos.

1 Es imposible exagerar la importancia de la Iglesia Católica en la conquista del Nuevo Mundo. Los primeros sacerdotes[1] llegaron en el segundo viaje de Colón y de allí adelante no hubo expedición sin uno o más sacerdotes. Evangelizar fue uno de los fundamentos de la conquista y hay que subrayar que los dos símbolos del dominio español fueron la "espada y la cruz".

2 En el Paraguay, una orden religiosa, los jesuitas, estableció teocracias. ¿Qué es una teocracia? Es un gobierno donde el poder está en manos de religiosos, quienes se atribuyen la representación directa de la divinidad. Las misiones jesuitas fueron experimentos teocráticos que existieron por más de 150 años. Los jesuitas, al igual que las otras órdenes religiosas, vinieron a las Américas para evangelizar y civilizar. Pero también tuvieron otro papel, pues muchas veces fueron los sacerdotes quienes defendieron a los indígenas contra los abusos de sus compatriotas. En el Paraguay los indios guaraníes estaban en gran peligro[2]

[1] sacerdote: *hombre dedicado a realizar servicios religiosos*
[2] peligro: *riesgo de algún daño*

de ser capturados y vendidos como esclavos. Para protegerlos, los jesuitas convencieron a los guaraníes de dejar sus vidas nómades e instalarse en las misiones.

3 Así empezó uno de los experimentos sociales más interesantes de las Américas. Las misiones de los jesuitas, pueblos de unas 4.000 personas aproximadamente, tenían una organización centralizada y una disciplina absoluta. Podemos definir estas colonias agrícolas, llamadas 'reducciones', como experimentos utópicos, fundados sobre la base del cristianismo.

4 ¿Cómo funcionaba una misión? Los dos sacerdotes jesuitas que dirigían la misión tomaban todas las decisiones y los guaraníes las obedecían. Uno de los sacerdotes estaba a cargo de la vida espiritual de la población y el otro, con más autoridad, dirigía la vida temporal[1]. Entre los guaraníes, se elegían personas responsables, pero solamente para implementar las órdenes de los jesuitas.

5 Todo el beneficio del trabajo era para la comunidad y no para el individuo, pues en las misiones nadie poseía tierras ni casa propia. Todos, los inteligentes y los tontos, los que hacían mucho y los que hacían poco, recibían lo mismo. A todos se les daba ropa, comida, casa. Todos trabajaban solamente medio día y mientras trabajaban escuchaban música. Lo que la misión producía y no utilizaba, se vendía.

6 Algo muy típico de aquella época es que las mujeres tenían pocos derechos. En las fiestas, solamente los hombres podían participar, mientras que las mujeres eran meras espectadoras. Los jesuitas también decretaron que las mujeres no podían coser[2]. Ellas se dedicaban a la fabricación de tejidos de algodón[3], creando así otro producto que servía a la misión y, si había de sobra[4], para la venta.

---

[1] temporal: *opuesto de espiritual*
[2] coser: *fabricar a mano un vestido, pantalón, etc.*
[3] tejidos de algodón: *material para fabricar ropa ligera, excelente para el verano*
[4] sobra (f.): *exceso de una cosa*

7 Las misiones fueron pequeñas poblaciones, con casas idénticas para los guaraníes y una enorme iglesia en medio. Primero se construyeron edificios sin separaciones para toda la familia de un cacique (jefe), pero después se dividieron en pequeñas habitaciones, una para cada familia. En cada misión, el edificio más grande, más bello y más impresionante era la iglesia. Estas enormes iglesias de piedra, llenas de tesoros artísticos y religiosos, son hoy día centros turísticos, monumentos artísticos de estilo barroco con pocos elementos locales.

8 Los jesuitas estaban tan convencidos de la superioridad de la cultura, religión y pensamiento europeos que nunca se interesaron por la cultura, las costumbres o tradiciones guaraníes. La base de la organización social de las misiones fue la religión; por lo tanto todos fueron bautizados y aprendieron a rezar[1]. Todo se hacía en el idioma guaraní, pues los jesuitas no hicieron caso al deseo de las autoridades españolas de enseñar el español. Los guaraníes solamente aprendieron lo que los jesuitas pensaron necesario; es decir muy pocos aprendieron a leer y a escribir. Algunos aprendieron oficios como el de herrero[2] o platero[3], mientras que otros, siempre guiados por especialistas jesuitas, aprendieron a pintar, a bailar, a ser músicos y escultores.

9 Sin embargo es importante señalar que a pesar de la organización autoritaria de las misiones, también había ventajas para los guaraníes. El mayor peligro era el poder ser capturados y ser hechos esclavos; pero si ellos vivían en las misiones estaban en menor peligro. Económicamente no sólo les fue muy bien a los jesuitas, sino también a los guaraníes, quienes sufrieron hambre cuando los jesuitas se marcharon.

10 Cuando los jesuitas fueron expulsados de las Américas (1767), por razones puramente políticas, el mundo que habían creado desapareció. De las 30 misiones existentes cuando los jesuitas fueron expulsados, 22 desaparecieron en menos de 15 años. Los pueblos fueron saqueados, quemados[4] o simplemente abandonados.

11 ¿Cómo evaluar los 150 años de poder jesuita en las misiones paraguayas? Por una parte los jesuitas protegieron a los guaraníes pero por otra parte su absolutismo marcó al pueblo paraguayo desde aquella época hasta nuestros días.

---

[1] rezar: *hablar oral o mentalmente con Dios*
[2] herrero: *el que trabaja el hierro (un metal)*
[3] platero: *el que trabaja la plata (un metal)*
[4] quemar: *prender fuego*

Comprensión del texto

A. La idea principal de los cuatro párrafos **impares:**

1. La idea principal del tercer párrafo es
   ___ a. que las misiones fueron fundadas para proteger a los guaraníes de la esclavitud.
   ___ b. que en el Paraguay los jesuitas establecieron misiones basadas en el cristianismo.
   ___ c. que a causa de las misiones los paraguayos vivieron en pequeños pueblos.

2. La idea principal del quinto párrafo es
   ___ a. que la propiedad individual era muy respetada.
   ___ b. que la propiedad comunal era muy considerada.
   ___ c. que los intelectuales y los incultos tenían el mismo trabajo.

3. La idea principal del séptimo párrafo es
   ___ a. que la iglesia era el edificio más grande del pueblo.
   ___ b. que la iglesia era un edificio barroco con pocos elementos autóctonos.
   ___ c. que la iglesia era el centro físico y espiritual del pueblo.

4. La idea principal del noveno párrafo es
   ___ a. que los jesuitas protegieron a los guaraníes de la esclavitud.
   ___ b. que las misiones tuvieron elementos positivos y negativos.
   ___ c. que el nivel económico de las misiones fue excelente.

B. Responde a las preguntas.

1. ¿Por qué era la iglesia el edificio más grande de cada misión?

_____

2. ¿Cuál fue el papel de las mujeres en las misiones? ¿Por qué?

_____

3. ¿Qué idiomas hablaban los jesuitas? ¿Y los guaraníes?

_____

Vocabulario

A. Encuentra los **sustantivos** derivados de estos **verbos**:

El número indica el párrafo donde se encuentra la palabra en el texto:

1 conquistar *la* _____

        2 experimentar *el* _____

4 decidir   ____ _____

        5 trabajar   ____ _____

7 poblar   ____ _____

        7 separar   ____ _____

8 desear   ____ _____

B. Completa el cuadro.

individuo	**grupo o colectividad**
el _____	la esclavitud
el misionero	la _____
____/____ _____ante	la participación

Emplea las palabras de ambas listas y no olvides las concordancias.

1. En ____ _____ los jesuitas protegieron a los guaraníes pero impusieron su voluntad.

2. El mayor peligro era el de ser capturados y ser vendidos como _____.

3. ____ _____ en el trabajo y en las misas era obligatoria para todas las personas que vivían en la misión.

C. Por y para

por casualidad	por todas partes	para siempre
por consiguiente	por lo general	para nada
por supuesto	por fin	para que
por eso	por nada	
por lo común	porque	
¿por qué?		

Emplea las palabras arriba mencionadas.

En el norte de la Argentina, se encuentra la provincia de Misiones, lugar donde hubo misiones jesuitas. ¿_____ hay antiguas misiones en la Argentina? Es _____ en la guerra de la Triple Alianza la Argentina ganó este territorio. P_____ c_____ algunas de las ruinas de los edificios y de las enormes iglesias jesuitas pertenecen a la Argentina. El Brasil, el Uruguay y la Argentina combatieron contra el Paraguay y los tres tomaron partes del territorio paraguayo p_____ s_____.

Síntesis

La idea principal de este texto (páginas 91 - 93) es que:

____ 1. La presencia de los jesuitas, su autoridad absoluta y su desinterés por las costumbres y tradiciones paraguayas, también destruyó la lengua guaraní.

____ 2. Los jesuitas protegieron a los guaraníes de la esclavitud y les impusieron la religión católica y una organización muy estricta.

____ 3. El experimento teocrático jesuita fue trágico.

Gramática

El pretérito

Recuerda que el pretérito se emplea para indicar una acción completamente terminada en un periodo de tiempo específico.

Varias expresiones como por ejemplo:
ayer, anoche, la semana pasada, el viernes pasado, una vez, el año pasado, se emplean con el pretérito.

Escribe los verbos apropiados en **pretérito**

empezar	llegar	caminar	poder	construir	continuar

Cuando las misiones fueron atacadas, los jesuitas decidieron que había que proteger a los guaraníes y por lo tanto era necesario abandonar las misiones y crear otras nuevas más al oeste. La historia de cómo las misiones fueron abandonadas y cómo pueblos enteros cruzaron el centro del continente es dramática. Primero, los guaraníes que vivían en las misiones _____ 700 barcos y _____ un viaje por el río. Pero a causa de las cataratas de Guairá del río Paraná no _____ continuar su camino. Entonces desembarcaron, _____ durante ocho días por una selva muy densa hasta que _____ a otro río. Allí construyeron nuevos barcos y _____ su viaje hasta que llegaron al territorio que hoy es el Paraguay. Desde las antiguas misiones hasta las nuevas habían viajado unos 725 km.

Vocabulario temático: verbos de la conquista

¿Puedes añadir palabras?

abandonar	construir	dirigir	evangelizar	participar
aprender	convencer	embarcar	fundar	poblar
atacar	crear	enseñar	implantar	quemar
atribuir	cruzar	esclavizar	imponer	representar
bautizar	defender	establecer	llenar	saquear
capturar	desaparecer	experimentar	marcar	
conquistar	destruir	expulsar	obligar	

Oral

Temas de discusión.

1. El paternalismo es una relación social entre los miembros de una familia. El padre, patrón de la familia, dirige, manipula, organiza y manda.

> A. Desde el punto de vista del padre, opina sobre las ventajas del paternalismo.

> B. Desde el punto de vista del hijo o de la hija, opina sobre las desventajas.

2. ¿Podemos llamar paternalistas a nuestras escuelas, con sus libros, sus programas de estudios fijos, sus profesores que imponen sus opiniones?

> A. Desde el punto de vista del director(a) de tu escuela, ¿cuáles son las ventajas del paternalismo en la educación?

> B. Desde el punto de vista del alumno, ¿cuáles son las desventajas del paternalismo en la educación?

3. ¿Hay comunidades teocráticas hoy? ¿Qué semejanzas[1] tienen con las misiones jesuitas? Da ejemplos, por favor.

Temas de composición

> 1. Una comunidad religiosa como por ejemplo los moonies.

> 2. Métodos para hacer nuestras escuelas más democráticas.

Navegando por la Red
Si deseas más información, consulta:

1. **Misiones:** Trinidad (Patrimonio de la humanidad), Jesús, San Ignacio Miní (Arg.), São Miguel (Brasil), San Ignacio Guazú, Paraguari, Chiquitos (Bolivia)

2. **Órdenes religiosas:** jesuitas, dominicanos, franciscanos

3. **Santos y peregrinajes:** Nuestra Señora de Luján (Arg.), Santa Rosa de Lima (Perú), San Martín de Porres (Perú), Virgen de Guadalupe (Méx.)

4. **Defensor de indígenas:** Fray Bartolomé de las Casas; **Escritora religiosa:** sor Juana Inés de la Cruz (Méx.)

5. **Película:** La misión (The Mission)

---

[1] semejanza (f.): *que se parece a algo o alguien; similar*

SEGUNDO TEXTO LOS MENONITAS: UNA IGLESIA PROTESTANTE EN EL PARAGUAY

Mientras que los jesuitas se radicaron en el Paraguay hasta su expulsión en el año 1767, los Menonitas recién llegaron en el siglo 20. Los Menonitas son una iglesia protestante cuya historia se caracteriza por sus múltiples persecuciones y fugas. Por consiguiente, en los años `20 empezaron a trasladarse al Chaco, territorio casi despoblado en el oeste del Paraguay.

Decidieron mudarse al Paraguay porque en el Chaco el gobierno paraguayo les regalaba miles de hectáreas; allí podían labrar la tierra, siendo ellos mismos responsables de la autoridad civil y la organización económica; se les otorgaba la libertad de culto y el derecho a crear sus propias escuelas en lengua alemana, y finalmente se les daba una dispensación tanto de impuestos como también del servicio militar.

Los primeros en llegar vinieron de Manitoba, Canadá, país que dejaron a causa del servicio militar obligatorio de la época. Éstos fundaron Loma Plata, la primera de las tres ciudades que sirven como centros administrativos y económicos, pues sus casas se encuentran en el campo. Pocos años después, llegó el segundo grupo, éstos de la ex-Unión Soviética; después de la Segunda Guerra, un tercer grupo de alemanes-ucranianos.

Los primeros años fueron muy duros no sólo porque la agricultura en la región era sumamente ardua, sino también porque se encontraban en una región disputada por dos países, el Paraguay y Bolivia. Más aun, pocos años después de su llegada irrumpió[1] la Guerra del Chaco y sus terrenos se convirtieron en campos de batalla. Empero, a pesar de todo, los Menonitas se dedicaron a labrar la tierra y fueron los primeros que sembraron sistemáticamente esta región.

Se agregan a sus problemas la dificultosa relación con la población indígena cuyas tierras habían ocupado. La población indígena estaba resentida con los Menonitas ya que eran sus tierras las que el gobierno había regalado. Al principio, dejaron a sus animales el pastoreo libre en los campos de los Menonitas y hasta hubo disputas a muerte entre ambos bandos. Luego, cuando los Menonitas ya estaban bien establecidos, necesitaron mano de obra y la población indígena empezó a trabajar en sus campos. Los Menonitas convirtieron a algunos a su religión, pero creándoles una iglesia separada, exclusión que los Lengua y Nivaclé, indígenas de la región, tomaron como insulto.

---

[1] irrumpir: *entrar con violencia en un lugar*

En nuestros días, en Filadelfia, Loma Plata y Neu-Halbstadt no se habla mucho el castellano, sino un dialecto del alemán. Sin embargo, ahora la gran mayoría comprende el castellano, cosa desconocida en la generación anterior. Aunque antes no era posible comprar cerveza ni cigarrillos, artículos prohibidos entre los Menonitas, hoy estos productos están a la venta. Empero, los Menonitas no los consumen, o por lo menos no lo hacen en público. Las calles de Filadelfia, trazadas en ángulos rectos, todas de tamaño idéntico, están polvorientas y dormidas. Su calle principal, la Hauptstrasse, se llama Hindenburg, en honor al general alemán que ayudó a los Menonitas a escapar. Económicamente les va muy bien. Hoy en día, como en muchos lugares del mundo donde se necesita mano de obra barata, cada día laborable los camiones de los Menonitas recogen a los indígenas para llevarlos a trabajar a sus campos de algodón o a sus granjas vaqueras.

A causa del aumento de población ha habido cambios importantes en la región. Entre los jóvenes Menonitas, hay algunos que se interesan más por las motocicletas y las canciones modernas que por las tradiciones de sus padres. En consecuencia, los Menonitas más tradicionales están pensando en irse a otro lugar, a un sitio donde puedan practicar su religión y sus tradiciones sin las intromisiones de otros.

Síntesis

Completa la oración. Los Menonitas del Paraguay

Palabras útiles para escribir composiciones

A. En castellano existen palabras que relacionan varias partes de una oración, dando orden e imponiendo lógica. En el texto sobre los Menonitas se emplean varias de estas palabras. **Escríbelas**.

Párrafo 1, línea 4: ___Por c_____

Párrafo 2, línea 5: ___tanto de_____...c_____

Párrafo 3, línea 1: ___Los p_____

Párrafo 4, línea 2: ___sino_____

Párrafo 5, línea 3: ___Al p_____

Párrafo 5, línea 5: ___L_____

Párrafo 6, línea 2: ___s_____

Párrafo 6, línea 2: ___Sin_____

Párrafo 6, línea 5: ___E_____

Párrafo 7, línea 1: ___A   c_____

Párrafo 7, líneas 5-6: ___En c_____

B. En las siguientes oraciones, **escoge** una de las palabras para llenar el espacio.

a. así mismo	b. pero	c. porque

1. Es importante recordar que los Menonitas del Paraguay son distintos de los otros protestantes de América del Sur; _____ las misiones de los jesuitas fueron diferentes de las prácticas de los católicos en todo el resto del continente.

a. tanto como	b. de modo que	c. por lo contrario

2. El Paraguay siempre ha sido un país olvidado, _____ no son sorprendentes las diferencias entre lo que ocurrió en ese país y en el resto del continente.

a. Por otra parte	b. Ya que	c. Dado que

3. _____, el hecho es que en muchos países latinoamericanos las iglesias protestantes tienen cada día más fieles.

a. así	b. aunque	c. sino

4. La gran mayoría de los protestantes latinoamericanos no son individuos recién llegados de otro continente, como lo fueron los Menonitas; _____ más bien los pobres de los diferentes países que ven en las iglesias protestantes una religión menos severa que la católica.

a. sino	b. tanto como	c. pero

5. En teoría, la población latinoamericana ha pertenecido a la Iglesia Católica desde la llegada de los españoles, _____ en muchos casos las creencias siempre han estado ligadas a las religiones antiguas existentes desde los tiempos inmemoriales.

Pre-lectura: **¿En tu país se hablan varios idiomas? ¿Cuáles? ¿Hay idiomas que tienen mayor importancia, otros que tienen menor importancia? ¿Qué idioma se utiliza más en el comercio, en la educación, en la familia? Y, ¿en las familias de los nuevos inmigrantes?**

EL PARAGUAY, UN PAÍS BILINGÜE

Mira rápidamente el texto y **fíjate** en el tema principal de cada párrafo.

___ El Paraguay tuvo épocas de aislamiento total del mundo.

___ Puede que en el futuro la importancia del guaraní disminuya, sobre todo si los medios de comunicación siguen siendo mayormente en castellano.

___ El Paraguay es el único país americano donde la mayoría habla dos lenguas.

___ Las opiniones sobre el guaraní han sido diversas, yendo de un extremo al otro.

___ En el Paraguay, el guaraní se habla más que el castellano.

___ En el pasado, la enseñanza del guaraní estuvo prohibida, pero ahora es obligatoria.

___ Como pocos españoles se radicaron en el Paraguay, su influencia no fue tan grande como en otros países.

AMÉRICA DEL SUR

1 El Paraguay es la única nación latinoamericana donde la mayoría de la población habla dos idiomas, el guaraní y el castellano. Hay otros países donde se utilizan idiomas indígenas, como por ejemplo el quechua y el aymará en el Perú y Bolivia; pero el quechua y el aymará están asociados a la vida rural y a un nivel social inferior. Los que hablan estos idiomas han sido marginados y sus lenguas despreciadas dado que la población urbana y las clases altas no los hablan. Éste no es el caso en el Paraguay donde el guaraní, una lengua americana, ha sobrevivido y convive con el castellano.

2 ¿Todos los paraguayos hablan ambos idiomas? No, pero la gran mayoría, sí. Entre los residentes urbanos, más del 85% hablan guaraní y en el campo todos hablan guaraní. ¿Y el castellano? En el campo muchos comprenden pero no hablan el castellano mientras que en las zonas urbanas hay un bilingüismo muy elevado, el más elevado del mundo según algunos estudios. El castellano es el idioma oficial del gobierno, de la industria y del comercio, pero en la calle y sobre todo en casa se habla el guaraní. Los paraguayos explican que para ellos el guaraní es la "lengua del corazón".

3 ¿Cuáles son las razones para que la experiencia lingüística paraguaya haya sido tan distinta? Mientras que en el Perú, por ejemplo, los españoles encontraron minerales preciosos, en el Paraguay no los había. Por lo tanto, el número de españoles que se estableció en el Perú fue muy grande. En el Perú, los españoles impusieron su lengua, sus costumbres, su organización política y social. Por lo contrario, pocos españoles se radicaron en el Paraguay, un país sin salida al mar, sin materia prima. Los que se establecieron allí se casaron con mujeres guaraníes y crearon una sociedad muy homogénea de mestizos rurales.

4 El hecho geográfico de ser una región remota no fue suficiente en sí. Otra razón fue que el Paraguay tuvo épocas de aislamiento total como por ejemplo la dictadura de Rodríguez de Francia (1814-1840). Éste prohibió no sólo el comercio con el exterior y toda relación diplomática, sino también la importación de libros. El resultado fue que los paraguayos, separados del resto del mundo, siguieron siendo un pueblo completamente rural que hablaba el guaraní.

5 En los quinientos años desde la conquista española, las opiniones sobre el guaraní han fluctuado de un extremo al otro. En ciertas épocas, el guaraní fue exaltado como símbolo nacional, mientras que en otras fue criticado como lengua inferior. Tal vez el sistema educacional paraguayo sea el mejor ejemplo de los cambios que han ocurrido. Ya en el siglo XVII los jesuitas desobedecieron a sus superiores, quienes insistían en la enseñanza del castellano. Los jesuitas o aprendieron el guaraní o trabajaron con intérpretes, de modo que sus misiones funcionaron totalmente en ese idioma. Los jesuitas, después de haber traducido el Evangelio[1] y otros escritos sagrados al guaraní, no les enseñaron a leer ni a escribir el castellano.

---

[1] Evangelio: *textos que tratan de la vida y obra de Jesús*

6 Dos siglos más tarde, se prohibió el uso del guaraní en todas las escuelas, con sanciones severas para los que lo hablaran. El Ministerio de Educación decretó que el guaraní era una lengua que impedía el aprendizaje del castellano. Por lo tanto, si un niño lo utilizaba, era severamente castigado. Miles de niños estudiaron en castellano, un idioma que no comprendían, o comprendían mal. Las maestras[1] de escuela hablaban en castellano pero en casa y en la calle el idioma hablado era el guaraní. El resultado de aquel sistema educativo fue que en las escuelas rurales, es decir en la gran mayoría, el fracaso escolar fue muy elevado y el dominio del castellano, malo. Otro resultado fue que, como nunca habían estudiado el guaraní, tampoco hablaban bien ese idioma. Finalmente, en nuestra época se ha impuesto, por primera vez, el estudio obligatorio del guaraní en las escuelas secundarias. También en el nivel primario, el guaraní se enseña y se utiliza en un programa de educación bilingüe, pues se emplea el guaraní para enseñar el castellano. Este sistema de enseñanza ha sido criticado por algunos expertos y alabado[2] por otros.

7 Pero la situación sigue cambiando. Aunque el Paraguay sigue siendo una nación agrícola, sus centros urbanos están creciendo. En éstos se está comenzando a perder el guaraní y existe una minoría que sólo habla el castellano. Tal vez influye el hecho de que los medios de comunicación, la radio y la televisión, son en gran proporción en castellano. ¿Desaparecerá el guaraní o se volverá una lengua del campo? ¿Se le dará mayor importancia en las escuelas y menor importancia en casa? ¿Será, como dice el autor Roa Bastos, una manera de dividir las clases sociales? Todo depende del desarrollo del Paraguay; el futuro no lo conocemos.

---

[1] maestro(a): *profesor(a) de nivel primario*
[2] alabar: *opuesto de criticar*

Síntesis

La **idea principal** de este texto es que

___ 1. la situación del guaraní es
único en Latinoamérica.
___ 2. hoy hablan guaraní en el
Paraguay pero puede ser que en
el futuro esta lengua desaparezca
pues no se utiliza en los
centros urbanos.
___ 3. por su aislamiento geográfico
y su falta de riqueza mineral
los españoles no impusieron el
castellano en el Paraguay.

Comprensión del texto

Completa las frases.

1. La diferencia entre el guaraní y los otros idiomas indígenas es _____

_____

2. La situación geográfica del Paraguay ha afectado su lengua porque _____

_____

3. En los centros urbanos paraguayos _____

_____

4. El sistema educativo paraguayo _____

_____

Vocabulario

A. Encuentra los sinónimos. El número indica el párrafo donde se encuentra cada palabra. (páginas 103, 104, 105)

1 país _____   **1** nativos _____   **3** diferente _____

    3 cantidad _____   **4** distante _____

5 completamente _____   **6** duras _____   **6** utiliza _____

    7 español _____   **7** separar _____

B. Prefijos

Con las definiciones a la derecha, **encuentra** el significado de las palabras.

1. multi
a. ___ multimillonario
b. ___ multinacional
c. ___ multilingüe
d. ___ multicolor

1. de muchos colores
2. que habla varios idiomas
3. que posee millones
4. compañía con intereses en varios países

2. cuad / cuatri
a. ___ cuadrilátero
b. ___ cuadrúpedo
c. ___ cuatrimestre
d. ___ cuatrimotor

1. que tiene cuatro pies
2. que tiene cuatro motores
3. que dura cuatro meses
4. que tiene cuatro lados

3. tri
a. ___ trilingüe
b. ___ tridimensional
c. ___ trimestre
d. ___ trinidad

1. que habla tres idiomas
2. espacio de tres meses
3. de tres dimensiones
4. término del cristianismo para designar las tres partes de Dios: el Padre, el Hijo y el Espíritu Santo

4. bi
a. ___ bicicleta
b. ___ bifurcación
c. ___ biquini
d. ___ bígamo

1. traje de baño femenino de 2 piezas
2. persona que contrae matrimonio sin disolver el anterior
3. punto donde se dividen 2 o más vías
4. vehículo de dos ruedas

5. un / uni
a. ___ unicolor
b. ___ unisex
c. ___ unicornio
d. ___ undécimo

1. once
2. de un solo color
3. moda adecuada para hombre y mujer
4. animal fabuloso con un solo cuerno

C. Tú conoces dos palabras del guaraní.

Estas palabras han sido adaptadas al francés, al inglés, al alemán como también al japonés y al árabe. ¿Cuáles son estas palabras?

1. Cuando estos peces atacan en gran número pueden devorar a un humano en segundos pues sus dientes son como pequeños cuchillos. En realidad, estos peces raramente atacan al hombre pero tienen muy mala reputación.

    Este pez se llama p_____ , palabra guaraní.

    ✦ NOTA: pez / peces (plural)

2. Este felino de color amarillo tiene manchas[1] negras. Vive en América del Sur, del Centro y del Norte. En guaraní la palabra no designa a un solo animal, sino a todas las bestias carnívoras, pero los europeos adoptaron la palabra a una sola especie.

    Este felino se llama j_____, palabra guaraní.

Gramática

El condicional (potencial)

El condicional se emplea:

1. Para indicar una acción **futura** relacionada con el **pasado**.
    Los jesuitas pensaron que el empleo del español no les **serviría** a los guaraníes.

Completa

2. Para indicar una suposición o posibilidad en el **pasado**.
    - ¿_____ (ser) un error que los jesuitas no les enseñaran a leer ni a escribir a los guaraníes?
3. Para ser más cortés.
    - ¿No te _____ (gustar) ir al Paraguay y visitar las antiguas misiones, ahora importantes centros turísticos?
4. Para expresar el resultado de una condición hipotética en el presente o en el futuro.
    - Claro. Si tuviera dinero _____ (ir) al Paraguay.

---

[1] mancha: *zona de la superficie de una cosa, de distinto color*

Debate

La mitad de la clase encuentra los argumentos a favor y la otra mitad encuentra los argumentos en contra.

Tema: "Si se intenta sofocar una lengua, su importancia aumenta".

Ejemplos: las lenguas indígenas de las Américas; el español en los Estados Unidos; el francés en Canadá.

Composición

(El tema también puede servir como tema de debate.)

Abajo se encuentran dos opiniones de lingüistas expertos en el aprendizaje de idiomas. ¿Con cuál de las siguientes opiniones estás de acuerdo? ¿Por qué estás de acuerdo con una u otra opinión? Utiliza tu propia experiencia como ejemplo y explica cuándo, dónde y cómo empezaste a aprender otra lengua u otras lenguas. ¿Fue una experiencia negativa o positiva?

1. "La educación bilingüe debe empezar tan pronto como sea posible, pues los resultados indican que cuanto más joven, mejor. El día en que el niño empiece la escuela, debe empezar a aprender otra lengua. Las ventajas le servirán durante toda su educación y el resto de sus días".

2. "Hay que aprender bien una lengua antes de empezar la segunda. Cuando el niño ya domine los fundamentos de su propia lengua, podrá empezar a aprender una segunda lengua. El niño que aprende dos lenguas a la vez, las confunde y no aprende bien ninguna".

Navegando por la Red

Si deseas más información, consulta:

1. **Política:** Dr. José Rodríguez Francia (Dr. Francia), La Guerra de la Triple Alianza, Guerra del Chaco, Alfredo Stroessner

2. **Autor:** Augusto Roa Bastos

3. **Lugares de interés:** Asunción, Cataratas del Iguazú, Itaipú (central hidroeléctrica)

4. **Periódicos:** Última Hora, El Diario Noticias, ABC Color, newspapers Paraguay

5. **Curiosidades:** quebracho (árbol)

SEGUNDO TEXTO LA EDUCACIÓN PRIMARIA EN EL PARAGUAY

¿Para qué sirve la educación primaria? ¿Es simplemente un primer paso en la educación del niño? ¿Sirve para preparalo a trabajar en un mundo moderno o es simplemente un lugar para la alfabetización y el aprendizaje de sumas y restas? En el Paraguay, al igual que en los otros países de Latinoamérica la situación socioeconómica del niño determina su nivel de educación. Para los de mejor situación, la educación primaria es el comienzo de la educación, mientras que para los pobres no es el caso.

Dentro de lo que es la educación paraguaya, hay que hacer resaltar no sólo la situación socioeconómica sino también el empleo de las dos lenguas. Es una realidad paraguaya que los que viven en el campo hablan exclusivamente la lengua guaraní, mientras que en un entorno urbano tienen ocasión de escuchar y hablar el castellano. Por consiguiente, la educación de la población rural paraguaya es bastante más difícil que la de otros países.

En el Paraguay, los niños pobres permanecen en la escuela sólo tres horas y media cada día y continúan en el sistema educativo un promedio de tres años y medio. En el área rural hay una alta tasa de repetición, deserción y pocos años de permanencia en el sistema. Muchas veces un niño necesita cinco o seis años para terminar el tercer grado de enseñanza primaria. Más aun, el cuarto grado es casi siempre el fin del proceso educativo formal del niño, ya que para él es el momento de contribuir más intensamente al aspecto económico de la familia. Las cifras son duras. En 1975, de cada cien niños campesinos que empezaron la escuela, sólo 14 terminaron el sexto grado. Según las encuestas, en el 60% de los casos los "problemas de lenguaje" fueron la causa principal de las bajas. En lo que se refiere al material didáctico de libros, cuadernos, mapas, diccionarios, laboratorios, etc., se benefician siempre los de mejor situación socioeconómica, mientras que para las escuelas rurales faltan fondos.

El niño que vive en un área rural necesita aprender español para participar en el sistema social; este aprendizaje se lleva a cabo principalmente en la escuela. Así, la enseñanza del guaraní hasta en la llamada educación "bilingüe" no contempla la lectura ni la escritura en guaraní, sino que emplea esta lengua para enseñar el español. Desgraciadamente, el guaraní no tiene una forma estándar de escritura y por lo tanto es imposible intentar una alfabetización en esa lengua.

La meta es la castellanización de la población escolar pero las horas que pasan en la escuela simplemente no son suficientes para la adquisición de un nivel mínimo de competencia lingüística en español. En el entorno rural el niño es monolingüe guaraní y las posibilidades del uso del español son casi nulas, excepto con la maestra de su escuela.

A pesar de los grandes problemas, el Paraguay ha podido salir adelante en lo que se refiere a la alfabetización. El nivel de alfabetización es alto, con sólo un 14% de iletrados en el país. Pero las preguntas que hay que hacerse sobre la educación son muchas. ¿Cuál es el nivel de escolarización necesario para beneficiar a la sociedad? ¿Es el nivel de alfabetización al cual siempre se ha dado gran importancia o es una primaria completa, o una secundaria completa? En un mundo en que los niños de los países industrializados tienen computadoras en cada aula, ¿dónde se sitúan los niños paraguayos, sobre todo los que viven en el campo? ¿Cuál será el porvenir del guaraní? ¿Tendrá que desaparecer a medida que el Paraguay se modernice?

Vocabulario

A. El profesorado

profesor/a   → (todos los niveles)
catedrático/a → (nivel universitario)
maestro/a   → (nivel primario)
director/a

1. En el Paraguay las _____ reciben un entrenamiento para enseñar español como segunda lengua en el nivel primario que, por lo general, dura un mes.

2. Para recibir el entrenamiento deben ser nombradas por el _____ de sus escuelas y por lo tanto hay una larga lista de espera.

3. El método empleado se basa en la mecánica de los ejercicios de repetición de la segunda lengua desarrollados por _____. Desgraciadamente hay poca flexibilidad pues las orientaciones recibidas en el entrenamiento son rígidas.

B. Expresiones útiles, pero sin significado en la oración.

En español, al igual que en todas las lenguas, empleamos muchas expresiones que sirven para darnos tiempo para pensar, que llenan un vacío, pero que no tienen significado dentro de la oración.

bueno	¿cómo se diría?	digamos	en fin	entonces
es que	esto	hombre	mira (mire)	no sé
o sea	pues	vamos a ver	¿qué sé yo?	venga

Pancho, un niño de 9 años, es muy distraido y cuando la maestra le hace una pregunta a la cual no puede responder, emplea muchas de las palabras arriba mencionadas.

Decide que palabras escogería Pancho.

1. ¿Qué expresión no emplearía nunca con la maestra? _____

2. ¿Cuáles son las tres expresiones más comunes que Pancho usa para ganar tiempo?
_____

3. ¿Qué dirá cuando no sabe la respuesta? _____

Vocabulario temático: la escuela
¿Puedes añadir palabras?

alabar	deberes	papel (m.)
alumno, estudiante	director	pluma
aprendizaje	ejercicio	pizarra
aprobar	enseñar	primaria
asignatura	escuela, colegio	pupitre (m.)
aula, salón (sala) de clase	examen (m.), prueba	regla
biblioteca	faltar	secundaria
bolígrafo	goma de borrar, borrador	suspender, jalar
comprender	hoja	tarea
conferencia	lápiz (m.)	tinta
conjugar	lectura	tiza
criticar	libro	universidad (f.)
cuaderno, libreta	maestro, profesor	
curso	nota, calificación (f.)	

NOTA CULTURAL

SALUDOS Y DESPEDIDAS

Si tú eres hombre, debes dar la mano cuando te presentan a una persona. Pero si eres mujer, otras mujeres pueden darte la mano, como también pueden besarte en ambas mejillas[1].

Cuando se encuentran dos paraguayos en la calle, en casa, en la oficina, siempre se dan la mano y muchas veces se dan un abrazo[2]. El abrazo entre dos hombres no tiene implicaciones sexuales; es solamente un gesto de amistad. No solamente ocurre en el Paraguay. En todos los países latinoamericanos, los hombres se abrazan, pues el contacto físico es mucho más aceptado que en los países anglosajones.

Cuando dos amigas paraguayas se encuentran, siempre se besan en ambas mejillas. Cuando un hombre y una mujer que son muy amigos se encuentran, se besan también. En la calle las niñas paraguayas, al igual que en el resto del continente, caminan de la mano; las mujeres y los hombres caminan del brazo.

Es muy importante recordar que cuando tú entres en una habitación deberás dar la mano a cada persona y saludarla individualmente. También es obligatorio hacerlo cuando te despides. Si estás acostumbrado a simplemente decir adiós con un gesto y lo haces en el Paraguay, ofenderás a la gente.

Por favor, saluda y despídete correctamente.

Las personas de otros continentes también encuentran difícil mantener la distancia correcta entre dos personas durante una conversación. Cuando un paraguayo te está hablando se pone muy cerca. Esto no es una provocación. Es simplemente que en diferentes culturas varía la distancia que la gente considera apropiada para tener una conversación.

---

[1] mejilla: *cada una de las dos partes laterales de la cara, debajo de los ojos*
[2] abrazo: *estrechar entre los brazos*

Pre-lectura: Hay comidas y bebidas que tienen simbolismo. ¿Cuáles son? ¿Dónde y cuándo se emplean? ¿Cuándo piensas que los hombres empezaron a establecer un vínculo, una relación entre la comida y el símbolo? ¿Cuáles son las fiestas en que comemos comidas especiales para recordar algo? ¿Quiénes participan? ¿Dónde se festejan? ¿Son estas fiestas religiosas? ¿Hay fiestas con comidas simbólicas en las que tú no participas? ¿Por qué?

EL OLIVO: ÁRBOL MÁS CARACTERÍSTICO DEL MEDITERRÁNEO

Las partes de un árbol

Completa las palabras. El número te indica el párrafo donde se encuentra la palabra.

1 la ho_____ →

4 la ram_____ →

5 el fru_____ →

4 el tro_____ →

4 la raí_____ →

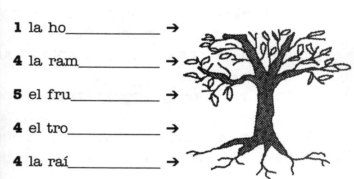

✦   N.B. El olivo produce:
       A. la **aceituna** que es el fruto del olivo
       B. el **aceite de oliva** que se extrae de las aceitunas

1 Al igual que en nuestros tiempos, hace dos mil años había fiestas en la península Ibérica. Antes de ir a la fiesta, los invitados se lavaban y se perfumaban; luego se decoraban la cabeza con coronas de hojas. Cuando llegaban a la fiesta, la sala estaba iluminada con lámparas de aceite, la comida preparada con aceite y servida en platos y fuentes de madera. Todo: el jabón[1], el perfume, las coronas, el aceite, los platos y las fuentes provenían de un árbol: el olivo.

2 En aquella época, el olivo no era importante solamente para los ricos; para los pobres, el olivo era tan valioso que cada árbol pertenecía a una o varias personas. Cuando moría el propietario de un olivo, el árbol formaba parte del legado a la generación siguiente. A veces hasta daban un nombre a olivos particulares. ¿Por qué? Porque la comida mediterránea se hacía a base de aceite de oliva. Con un árbol, una familia pobre que vivía donde la tierra era mala y donde había poca agua, tenía algo que comer. Su olivo les daba aceite y frutos, las aceitunas.

---

[1] jabón (m.): *producto que sirve para lavar*

3 El olivo es el árbol más característico del Mediterráneo. En el pasado, la gente que vivía cerca del mar Mediterráneo creía que el árbol necesitaba el agua del mar para crecer. Claro que no era el agua lo que necesitaba el olivo, sino más bien el clima favorable: veranos calurosos, inviernos fríos sin heladas[1] y primaveras templadas. Estas condiciones climáticas se encuentran alrededor del Mediterráneo; pero a 75 kilómetros del mar hace mucho frío por el norte, o mucho calor por el sur. Cerca del mar Mediterráneo, en todos los países mediterráneos, hay kilómetros tras kilómetros de olivares[2].

4 No sabemos si los habitantes de la península Ibérica aprendieron los múltiples usos del olivo cuando los romanos fueron dueños de la península. Tal vez ya los conocían hace miles de años. Sabemos que el olivo fue sinónimo de la más alta cultura, de los más altos ideales y sobre todo tenía un significado simbólico: era la planta inmortal. El olivo puede vivir cientos de años y, más sorprendente aún, si el árbol se corta o se quema, su raíz se regenera y de sus raíces crece un nuevo tronco. Esta capacidad de regeneración le dio su significado simbólico.

La Biblia nos cuenta que Noé envió una paloma[3] para ver si las aguas habían bajado y ésta volvió con una rama de olivo, símbolo de la civilización. Hoy utilizamos la rama del olivo, al igual que la paloma, como símbolos de paz.

5 El olivo no es un árbol espectacular y a primera vista uno se pregunta por qué hay tanta mitología sobre él. Sus flores son pequeñas, de color blanco-verdusco. Sus hojas, que crecen en pares, son estrechas y duras, verdes por un lado y plateadas por el otro. No pierde sus hojas y por lo tanto ha protegido a generaciones de campesinos tanto de la lluvia en invierno como del sol en verano. Al principio su fruto es de un verde intenso, pero a medida que madura[4] se va oscureciendo. Pasa de verde a morado y finalmente a negro. El fruto negro es el que más aceite da, pero el aceite más sabroso es el del fruto menos maduro. Por esta razón es mejor hacer la recolección[5] antes de que el fruto caiga.

---

[1] helada: *temperatura inferior a 0 grados centígrado*
[2] olivar (m.): *campo plantado de olivos*
[3] paloma: *tipo de pájaro*
[4] madurar: *llegar al estado de ser recolectado o comido*
[5] recolección: *momento de recoger los frutos*

6 Es difícil separar el fruto del árbol y para lograrlo los campesinos emplean una vara[1]. El vareo[2] es una de las pocas prácticas agrícolas erróneas que según una tradición mítica e infundada, aumenta el rendimiento. Los científicos modernos han demostrado que el vareo es perjudicial al árbol, disminuyendo su productividad. Sin embargo, en España continúan con este método.

7 La recolección se hace en enero, época de poco trabajo agrícola, y forma parte del ciclo anual de trabajo. Antes la recolección era un trabajo en el cual todo el pueblo participaba, recogiendo, transportando, prensando con métodos milenarios de extracción. Al terminar, el aceite se distribuía entre sus propietarios y servía para el uso personal.

8 Pero no sólo era importante el aceite; también lo eran las aceitunas, pequeñas delicias que al igual que en nuestros días, se comían frías o calientes, solas o como ingredientes en diversos platos, en todas las épocas del año. Es imposible comerlas directamente del árbol pues son muy amargas y sólo después de un largo método de preparación se hacen comestibles. La aceituna es prueba de la inteligencia del hombre, capaz de transformar este pequeño fruto en rica aceituna. En el pasado se comían todas, las negras y las verdes, las grandes y las pequeñas, las fuertes y las insípidas.

9 En el norte de Europa, la gente tenía vacas y de éstas producía leche y sus productos derivados: cremas, quesos y mantequillas. Por lo tanto, la comida de los países nórdicos se hacía a base de los productos de la vaca. En el sur del continente europeo no había vacas, pero tenían olivos. Este árbol crecía solo; podía estar cerca o lejos de la casa, no había que darle de comer y producía su fruto con poco trabajo. Pero las dos culturas, las que se alimentaban a base de mantequilla y las que lo hacían a base de aceite de oliva, sintieron desprecio las unas por las otras. Ya en la época de los griegos, éstos pensaban que los bárbaros del norte apestaban[3] porque comían mantequilla. Siglos después, los ingleses tuvieron la misma opinión sobre los que comían platos preparados a base de aceite de oliva. Si al aceite de oliva se le añadía ajo, la comida les parecía horrible.

10 Hoy en día, estas diferencias casi no existen y nosotros comemos platos hechos a base de mantequilla así como también otros elaborados con aceite de oliva, ¿verdad?

---

[1] vara: *rama delgada de un árbol, sin hojas*
[2] vareo: *acción de golpear con vara para hacer caer los frutos de los árboles*
[3] apestar: *oler mal*

Síntesis

La idea principal de este texto es que:

___ 1. En el pasado el olivo fue importante porque era la base de la comida.

___ 2. En la región mediterránea, la comida se hacía a base de aceite de oliva porque no tenían vacas.

___ 3. No sabemos si los habitantes de la península Ibérica aprendieron de los romanos los múltiples usos del olivo.

Comprensión del texto

Responde con oraciones completas.

1. ¿Qué producto servía de base para las comidas en Inglaterra, Alemania y los países escandinavos?

_____

2. ¿Por qué no empleaban aceite de oliva en los países nórdicos?

_____

3. Nosotros damos nombres a nuestros perros y gatos, pero en la península Ibérica los pobres daban nombres a sus árboles. ¿Por qué?

_____

4. ¿Por qué piensas que la rama de olivo simboliza la paz?

_____

5. ¿Por qué practicaban el vareo en todos los países mediterráneos?

_____

6. Los métodos de extracción de aceite son milenarios. ¿Por qué?

_____

Vocabulario

A. Palabras con dos significados

El **género** de algunas palabras cambia su significado.
Lee las palabras y luego abajo **encuentra** el significado correspondiente.

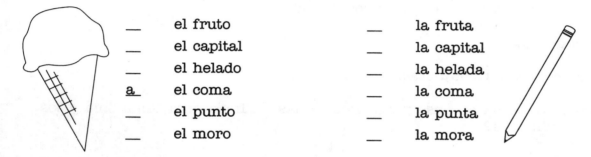

___ el fruto	___ la fruta
___ el capital	___ la capital
___ el helado	___ la helada
a el coma	___ la coma
___ el punto	___ la punta
___ el moro	___ la mora

a. estado de sopor profundo que se caracteriza por la pérdida del conocimiento, sensibilidad y movilidad.

b. órgano procedente de la flor, contiene las semillas.

c. cantidad de dinero de que se dispone en un momento dado.

d. postre sometido a un proceso de congelación.

e. vegetal comestible, dulce; ejemplo: la fresa, el melón.

f. población en que reside el gobierno o los organismos administrativos de un estado, provincia o distrito.

g. signo ortográfico que indica una pausa.

h. descenso de temperatura por debajo de 0 grados centígrados.

i. los musulmanes que invadieron la península Ibérica (singular).

j. señal, dibujo o relieve redondo y pequeño; signo ortográfico que indica el final de una oración.

k. extremo de una cosa.

l. fruto de varios árboles: el moral, la morera y la zarzamora.

B. La formación de adjetivos

La terminación **OSO**

Completa el cuadro.

aceite   aceitoso
        leche   _____
_____   caluroso
        apestar   _____
        _____   trabajoso

Emplea las palabras mencionadas arriba.

1. El _____ de oliva es un producto totalmente natural y el único aceite que se puede consumir sin ninguna transformación previa.

2. El aceite de oliva, fino o virgen extra, contiene nueve calorías por gramo, no contiene ningún colesterol pues es un aceite monosaturado y, a pesar de lo que dicen algunas personas, no es _____.

3. El aceite no mejora con los años como el vino. Se puede guardar unos dos años a condición de que no esté al sol ni en un lugar _____.

Gramática

Condicional perfecto

Se emplea el condicional perfecto cuando hay:

1. Una suposición o probalidad en un momento **pasado**.

   ¿Los romanos **habrían plantado** los primeros olivos en la península Ibérica?

2. Una relación de una acción **futura** con un momento **pasado**.

   Los campesinos dijeron que la recoleccción fue mala pues la _____ _____ (comenzar) antes de que los frutos estuvieran maduros.

Oral

Un bocado, una comida ligera

1. El humano es el único mamífero que continúa probando comidas que primero le parecen malas. Da un ejemplo de algo que no comías cuando eras pequeño/a y que comes hoy.
2. ¿Qué comes cuando simplemente quieres algo rápido, un bocado entre comidas?
3. En España todos comen aceitunas, niños y adultos. ¿También es así en tu país?
4. En España se comen aceitunas casi a todas horas. ¿Cuándo se comen en tu país?
5. ¿A tí te gustan las aceitunas?
6. ¿Conoces a alguien que no come algo que a ti te gusta? ¿Por qué?
7. ¿Qué comidas no te gustan?
8. ¿Qué comidas nunca comes? ¿Por qué?
9. Encuentra un mínimo de tres comidas que consideras 'sofisticadas'. ¿Por qué?

Composición

Escoge un tema.

1. El vino: (y el vocabulario para ayudarte)
   alcohol, sabor, aroma, copa, blanco, tinto, dulce, seco, botella

2. El pan:
   harina, horno, cocer, panadería, pan blanco, integral, negro; mitología, simbolismo

3. La leche:
   vaca, toro, granja, transporte, venta, mercado, helado, mantequilla, queso, leche con 2% de materia grasa, nutrición

4. ¿Cuáles de estas frutas has probado ya? Describe el color, tamaño, uso y origen de cuatro de éstas.
   albaricoque, kiwi, mango, melón, papaya, piña, sandía, dátil, plátano, ciruela.

¿Te gustan las ciencias?

El fruto del olivo contiene aceite y un agua vegetal con una sustancia muy amarga y perjudicial. Evidentemente esta sustancia amarga, nociva (que los romanos utilizaron como insecticida hace dos mil años) tiene que ser separada del aceite. Esto no presenta ningún problema pues los dos líquidos se separan automáticamente porque:

___ a. el agua tiene más densidad que el aceite y sube a la superficie.
___ b. el aceite tiene más densidad que el agua y sube a la superficie.
___ c. el agua y el aceite no pueden separarse excepto con un agente químico.

Vocabulario temático:
　　　¿Puedes añadir palabras?

La mesa

comer	cubierto	pescado	postre (m.)	tenedor (m.)
copa	entrada	mantel (m.)	segundo	vaso
cuchara	entremeses	plato	sobremesa	
cucharita	fuente (f.)	plato principal	sopa	
cuchillo	gustar	primero	taza	

El árbol

fruto	hoja	raíz	rama	semilla	tronco

Navegando por la Red
Si deseas más información, consulta:

1.　**Comidas típicas:** paella, gazpacho, tapas, cocido, tortilla, churros, chorizo, sopa de ajo, turrón, horchata de chufas (bebida)

2.　**Hoteles:** Paradores de España

3.　**Periódicos:** El País, ABC, El Latinoamericano, El Mundo, La Vanguardia, newspapers Spain

4.　**Revistas:** Telva, Ámbito Internacional, El Jueves, Ruta 66

SEGUNDO TEXTO

UNA CIUDAD ROMANA: MÉRIDA

    Mañana llegarás a Mérida, la antigua capital romana de la península Ibérica. Allí pasarás unos días.

    ¿Por qué existe una antigua ciudad romana en España? Porque el Imperio Romano era muy extenso y tenía territorios en Europa, como también en Asia y África. España formaba parte de este imperio siendo una de sus provincias, la provincia de Hispania. Los romanos fueron grandes arquitectos y construyeron muchísimas ciudades, caminos, puentes, etc. Augusta Emerita, la ciudad que hoy llamamos Mérida, fue una ciudad construida por ellos. Escogieron el lugar por estar situado en el cruce de dos caminos que llevaban a dos ciudades anteriores a los romanos, Salamanca y Sevilla.

    Aquí empezará tu visita turística. Llegarás por la carretera del sur, pasarás por el puente romano que cruza el río Guadiana y entrarás en la ciudad.

    Primero irás al teatro romano, tal vez el más bello edificio romano de España. El edificio todavía se emplea pues, cada verano, hay espectáculos de todo tipo:

conciertos de jazz y obras de teatro de autores griegos y modernos. En una de las cálidas noches de verano te sentarás entre los espectadores, disfrutarás del espectáculo y durante el entreacto te pasearás entre las ruinas romanas.

A la mañana siguiente, admirarás el anfiteatro donde los romanos veían a los gladiadores enfrentarse con las bestias salvajes. Lo encontrarás vacío. No lejos visitarás el inmenso circo que servía para las carreras de caballos.

También visitarás el Museo Nacional de Arte Romano que se encuentra a unos pasos del anfiteatro. Cuando éste estaba en plena construcción, descubrieron un camino romano y paredes de casas que habían existido hace dos milenios así como también columnas, muros y artefactos. Los artefactos los pusieron en los pisos superiores; el

camino y las paredes forman parte de la cripta del museo. Se integran en el recorrido del museo y sirven como introducción al contexto arqueológico.

Pero todavía te falta mucho... Hay casas adornadas con mosaicos y pinturas, un bello arco triunfal, el Arco de Trajano, y mucho más.

¡Diviértete!

Comprensión del texto

1. Un emperador romano fundó la ciudad en el año 25 a.C. y le dio su nombre. ¿Cuál fue su nombre? (Una sola palabra.)

   _____

2. ¿Por qué está vacío el anfiteatro?

   _____

3. Descubrieron el camino romano y las paredes de las casas durante la construcción del museo. ¿Por qué no los habían hallado antes?

   _____

Ayer y hoy

Todavía existen estereotipos sobre la comida española. Uno de ellos es que la comida española lleva mucho aceite, evidentemente de oliva. Otro es que ciertas comidas típicas siempre han existido, como por ejemplo el gazpacho, la famosa sopa fría hecha a base de tomate, pepino, cebolla, ajo, agua y naturalmente aceite de oliva. Pero muchos de los productos que nosotros consideramos españoles no son autóctonos de la península Ibérica. En diferentes momentos de su historia los españoles aprendieron a utilizar nuevos productos que después adaptaron e integraron a su vida diaria y a su cocina.

Oral (grupos de discusión de 3 ó 4 estudiantes)

Divide esta lista de plantas y animales para indicar su procedencia y **escribe** las palabras en los espacios apropiados abajo.

     tomate   tabaco

     naranja y limón   domesticación de animales

     pavo[1]   patata

     cacao   algodón

Desde el **Nuevo Mundo** los españoles trajeron a España (a partir del año 1492)

_____

_____

_____

Los **moros** trajeron a España (a partir del año 711)

_____

De los **romanos** aprendieron (a partir del año 195 a.C.)

_____

---

[1] pavo: *ave doméstica grande, comida tradicionalmente en fiestas*

Pre-lectura: En el pasado la gente viajaba, pero no lo hacía por distracción como lo hace el turista en nuestros días. Da un mínimo de cinco razones para explicar por qué la gente viajaba en el pasado. Los inmigrantes a las Américas, ¿son un ejemplo de estos motivos? ¿De cuáles?

HACE MIL AÑOS, ¿QUIÉN IBA A CÓRDOBA?

Mira rápidamente el texto y **fíjate** en el tema principal de cada párrafo excepto el último (10).

___ La mezquita fue convertida en catedral.
___ Córdoba formaba parte de un mundo mediterráneo musulmán.
___ La mezquita de Córdoba es única.
___ La época de los omeyas fue notable.
___ Destruyeron y quemaron los libros.
___ En Córdoba había productos de todo el mundo.
___ La cultura estaba muy avanzada.
___ Ziryab enseñó mucho a los cordobeses.
___ Solamente podemos admirar esta cultura en dos campos.

Fotografía Oronoz

1 En la primera mitad del siglo X, Córdoba era una gran ciudad, un centro administrativo, comercial y cultural, como también la capital de una parte del imperio musulmán, el Califato de Córdoba. Durante 300 años los omeyas[1] fueron soberanos de un vasto territorio independiente de la autoridad de Bagdad. Dentro de este mundo musulmán, los viajeros iban y venían a Córdoba. Su ruta seguía la costa norte de África hasta cruzar finalmente el Mediterráneo cerca del lugar que nosotros llamamos Gibraltar.

2 En general, podemos decir que la época de los omeyas se caracteriza por su prosperidad, su tolerancia religiosa, su relativa estabilidad y sobre todo por su intensa vida cultural y científica. Los musulmanes, quienes formaban un 75% de la población de la península Ibérica, toleraban a toda persona que era "del Libro" (la Biblia). Permitían que católicos y judíos practicasen sus religiones a condición de que pagasen fuertes impuestos. Hay que advertir que el tiempo de los omeyas no fue idílico, pues también tuvo aspectos negativos, aunque los positivos fueron notables.

---

[1] omeya: *dinastía musulmana expulsada de Damasco, establecida en la España islámica*

3 En Córdoba se vendían y se compraban productos de todo el mundo. Los mercaderes traían sedas[1] desde la China y la India. Otros vendían esclavos: del sur, esclavas negras; del norte rubias de ojos azules (dicen que entre ellas había esclavas expertas tanto en las artes del amor como en la literatura). De Grecia, de Egipto, de Bizancio llegaban mercaderes de libros, pues en Córdoba había varias bibliotecas extraordinarias y sus propietarios pagaban precios fantásticos por nuevos volúmenes.

4 Fue un momento de florecimiento cultural. En el siglo IX se fundó una universidad que conoció gran renombre y un siglo más tarde Córdoba tenía una de las más grandes bibliotecas del mundo. Era una ciudad donde se hablaban muchos idiomas: el árabe, el hebreo, el romance, el latín, el árabe popular con palabras romances. También se traducían muchísimos libros al árabe y del árabe. Sabios de todo el mundo venían a enseñar sus disciplinas: lexicografía, gramática, poesía y medicina. Llegaron traductores famosos como el griego Nicolás que vino para dirigir la traducción de un libro del griego al árabe. Traía a un ayudante, otro traductor, el judío Apolodoro de Salónica.

5 Un ejemplo de los viajeros que llegaron y nunca más se fueron es el músico y poeta Ziryab. Éste era un hombre de gran cultura y con una bella voz con la cual alegraba las fiestas. Trajo a Córdoba el ajedrez, procedente de la India. También enseñó varias supersticiones, entre éstas el miedo al número 13. Su legado más perdurable es algo que todos aprendemos: el orden de las comidas, empezando con la sopa y terminando por el postre.

Fotografía Oronoz

6 Hoy podemos admirar la cultura de aquella época en solamente dos campos, la literatura y la arquitectura. Pero esta literatura no es en español pues este idioma todavía se estaba formando; es literatura en árabe y en hebreo, pero escrita en Córdoba por cordobeses. Aquí destacamos a sólo dos de los grandes poetas que todavía se leen hoy: en árabe, Ibn Zaydún y en hebreo, Yehudá Haleví.

7 En arquitectura, tenemos la mezquita[2] de Córdoba, una de las más bellas del mundo. Hoy, como hace mil años, hay que pasar por el patio de los naranjos para entrar por sus puertas. Dentro hay un bosque de columnas (originalmente hubo 1.293) que se levantó en cuatro etapas entre los siglos IX y XI. ¿Quiénes habrán sido aquellos arquitectos desconocidos que construyeron sus famosos dobles arcos en rojo y blanco? Tal vez vino a Córdoba un arquitecto que conocía los dobles arcos de los acueductos romanos de Segovia y Mérida. Nunca lo sabremos. Lo único que sabemos a ciencia cierta es que el arte del mosaico lo enseñó un griego de Constantinopla.

---

[1] seda: *material fino y suave para hacer ropa*
[2] mezquita: *templo musulmán*

8 Dos siglos después, en el año 1236, los cristianos tomaron la ciudad y la mezquita fue convertida en catedral para declarar la victoria de la Iglesia Católica sobre el Islam. Luego, en el siglo XVI derribaron las columnas centrales de la mezquita para construir una catedral dentro de la mezquita. El emperador Carlos V, quien dio el permiso para la construcción de la catedral dentro de la mezquita, la vio cuando la habían terminado. Dicen que al verla tuvo pena[1]. Dijo que habían hecho "lo que se puede hacer... y deshecho lo que era singular en el mundo."

9 Como si la destrucción de parte de la mezquita no hubiera sido suficiente, cuando cayeron los omeyas, los cristianos quemaron sus libros y terminaron de destruirlos cuando la Inquisición se ocupó de quemar grandes bibliotecas.

10 No todo se perdió. Hoy podemos visitar la mezquita, pasear por las angostas calles de la Judería, cruzar el río Guadalquivir por el puente romano. ¿Serás tú un viajero del siglo XXI que llegue a Córdoba para recordar su pasado glorioso?

---

[1] pena: *tristeza, lástima*

Síntesis

Completa.

Durante la época de los omeyas Córdoba fue _____

_____

Comprensión del texto

Escribe una oración completa con cada número.

1. La mezquita de Córdoba _____

_____

2. El mercado de Córdoba _____

_____

3. Ziryab _____

_____

4. Las bibliotecas de Córdoba _____

_____

5. La tolerancia religiosa _____

_____

Vocabulario

A. La cena (repaso)

el pescado	la carne	el licor
la mesa	la sobremesa	la sopa
el postre	los entremeses	

Emplea todas las palabras arriba mencionadas.

En el año 845, en una elegante casa cordobesa, veinte invitados se sentaron alrededor de la _____. La cena empezó con los _____ y la _____, caliente o fría. Luego sirvieron el _____, seguido por la _____. Finalmente el _____ y el _____ bebido en diminutas copas.

Al igual que los cordobeses de hoy, los cordobeses de hace un siglo pasaban horas comiendo y luego continuaban sus interminables discusiones en la _____, ese tiempo que sigue a la comida, cuando los invitados siguen reunidos.

B. Hoy día los nombres de las puertas, calles y barrios de Córdoba nos indican quienes trabajaron y vivieron allí.

Identifícalos, por favor.

1. ___ Puerta de los Perfumistas

2. ___ Calle de los Silleros

3. ___ Zapateros

4. ___ Judería

5. ___ Calle de los Libreros

a. donde fabricaban sillas
b. donde fabricaban puertas
c. donde jugaban
d. donde fabricaban perfumes
e. donde hacían zapatos
f. donde vendían libros
g. donde vivían los judíos
h. donde se vendían habas y judías

C. En **3 (tres)** de estas palabras hay una palabra más corta (No puede ser la palabra 'sin'). **Escribe** la palabra más corta.

sinnúmero ____*número*____   singular _____

sinfín _____   sinsabor _____

sinvergüenza[1] _____   sinfonía _____

D. **En el lenguaje corriente hay refranes y expresiones con la palabra 'moro'. ¿Qué significan?**

1. Hay moros en la costa.

   ___ a. Aquí hay peligro y se debe proceder con precaución.
   ___ b. Los moros van a invadir la península Ibérica.
   ___ c. La costa está llena de moros.

(También se emplea su opuesto "No hay moros en la costa.")

2. Hay moros y cristianos.

   ___ a. En tu casa hay moros y cristianos.
   ___ b. Eres un moro.
   ___ c. Hay gran discordia o disputa.

Gramática

El **futuro** y el **futuro perfecto**.

Mientras que el futuro es fácil, el **futuro perfecto** se emplea cuando hay **dos acciones en el futuro**, una anterior a la otra.

1. Futuro: _____ (ir, nosotros) a Córdoba durante el otoño.

2. Futuro perfecto: En octubre, los precios de los hoteles ya _____
_____ (haber / bajado).

---

[1] sinvergüenza (m. y f.): *falta de decoro; persona que deja una mala opinión*

Oral (en parejas) **Dos cordobeses**

A pesar de que la derrota de los omeyas significó el final del período de libertad y comprensión, la intensa vida cultural continuó y Córdoba vio nacer a dos de sus más grandes pensadores, Averroes y Maimónides.

Averroes

Maimónides

Conocido como	Ibn Rushd	Rambam
Nace	Córdoba 1126	Córdoba 1135
Muere	Marrakech 1198	El Cairo 1204
Religión	musulmán	judío
Profesión	filósofo, médico	filósofo, médico
Idiomas	escribió en árabe	escribió en árabe y hebreo
Obras	física, medicina, filosofía traducidas al latín	comentario bíblico, medicina filosofía, traducidas al latín
Pensamiento	interpretación del pensamiento de Aristóteles	puente: conecta la fe judía con la razón aristotélica
Importancia	enorme; duradera en filosofía	enorme; principal figura posbíblica

Trabajo de biblioteca

Muchas palabras en español tienen origen árabe; otras tienen origen latino y otras vienen de otros idiomas. Con un diccionario etimológico **busca** las siguientes palabras.

álbum _____   alcalde _____

alto _____   aleluya _____

almanaque _____   álgebra _____

almendra _____   alegría _____

alfabeto _____   alfalfa _____

alcohol _____   albino _____

¿Cuántas palabras tienen origen árabe? _____

Ahora añade 10 palabras e indica su origen.

	Palabra	**Origen**
1.	_____	_____
2.	_____	_____
3.	_____	_____
4.	_____	_____
5.	_____	_____
6.	_____	_____
7.	_____	_____
8.	_____	_____
9.	_____	_____
10.	_____	_____

SEGUNDO TEXTO　SANTIAGO DE COMPOSTELA Y LA PRIMERA GUÍA TURÍSTICA

Tienes 6 minutos para leer el texto y hacer los ejercicios que siguen:

Durante la Edad Media, el peregrinaje[1] a Santiago de Compostela era, después del de Roma, el más importante de Europa. Franceses, ingleses, escandinavos y alemanes iban, a pie o a caballo, desde sus países hasta Santiago de Compostela, un viaje que a veces duraba varios años. El propósito de su visita era llegar a la tumba[2] y tocar las reliquias de Santiago, uno de los apóstoles de Cristo.

En la época medieval, el Camino de Compostela cruzaba los Pirineos y continuaba por el norte de España. Allí había dos caminos posibles. El primero seguía la costa norte y era bastante peligroso por haber bandidos. El segundo, llamado Camino Francés por el gran número de hoteles, restaurantes y hospitales con propietarios franceses, se encontraba más al sur y pasaba por Burgos y León. Desde el año 1000 hasta más o menos 1500, entre medio millón y dos millones de peregrinos[3] visitaban Santiago de Compostela cada año.

Para servir a los peregrinos nació una nueva industria: la industria turística. Hoteles, restaurantes, hasta catedrales fueron construidos para recibirlos. También fue publicada la primera guía turística, *La guía del peregrino*, (1130), probablemente escrita por Aimeri Picaud, un monje[4] francés. *La guía del peregrino* describe el clima, las costumbres, la gente y las rutas más interesantes. Como los peregrinos no tenían prisa, ellos podían leer en *La guía* adónde ir y tomar varias semanas para caminar hasta una catedral importante.

¿Qué hay en Santiago de Compostela en nuestros días? Pues muchos turistas vienen todos los años para admirar la ciudad y sobre todo la inmensa catedral románica que la domina. En las angostas[5] calles de Santiago se ven muchos sacerdotes dado que todavía existe una industria de libros y reliquias religiosas. También hay muchos estudiantes, pues la Universidad de Galicia se encuentra allí. Muy pocos entre los turistas son peregrinos; sin embargo todavía los hay, pues cada año llegan más o menos tres mil. Si estos peregrinos caminan un mínimo de 96 kilómetros, reciben un certificado de conclusión. Pero a todos los turistas, medievales o modernos, peregrinos o simplemente curiosos, les gusta mucho la visita de esta bella ciudad.

---

[1] peregrinaje (m.): (sinónimo: romería) *viaje para visitar un santuario o una ermita*
[2] tumba: *lugar donde se pone un muerto*
[3] peregrino: *persona que por devoción o por voto, va a visitar un santuario*
[4] monje (m.): *miembro de una orden religiosa*
[5] angosto: *estrecho (opuesto de ancho)*

¿Verdad o falso?

1. En la época medieval había más peregrinos que hoy en día. _____

2. Hace mil años los peregrinos venían de varios continentes. _____

3. La *Guía del peregrino* es útil pues indica los hoteles y puntos importantes que tenemos que visitar hoy en día. _____

Ayer y hoy

La distancia entre León y Santiago, el último trayecto del Camino de Santiago es de 359 kilómetros.

A. A pie, como viajaba la gran mayoría de la gente, era posible recorrer cinco kilómetros por hora, y en una buena jornada, con buen tiempo, era posible cubrir 50 kilómetros. ¿Cuántos días se tardaba en caminar de León a Santiago de Compostela?

_____ días

B. En coche, como viajamos nosotros, podemos recorrer 80 kilómetros por hora. ¿Cuántas horas toma ir de León a Santiago de Compostela?

_____ horas

Vocabulario temático:
la religión
¿Puedes añadir palabras?

ateo	demonio	judaísmo
catedral	devoto	mezquita
catolicismo	diablo	misa
católico	dios	musulmán
cielo	fe	practicar
convertir	iglesia	rezar
creer	infierno	sinagoga
creyente	islam	tolerar
cristiano	judío	tolerancia

Navegando por la Red
Si deseas más información, consulta:

1. **Monumentos de la época musulmana**[1]:
    Granada: **La Alhambra, El Generalife**
    Sevilla: **Alcázar, Giralda, la Torre del Oro**
    Córdoba: **Mezquita, Medina Azahara, Judería**
    Almería: **Alcazaba**
    Toledo: **Alcázar, Cristo de la Luz, Taller del Moro**
    Zaragoza: **Aljafería**
    Málaga: **Alcazaba, Gibralfaro**
    Valencia: **Almundín**
    Mérida: **Alcazaba**

2. **Historia: Almorávides, Almohades, Reinos de Taifas, Califato de Córdoba, Covadonga, El Cid**

---

[1] *alcazaba significa fortalenza y alcázar significa palacio. Ambas son palabras del árabe.*

Pre-lectura: Hoy día los Estados Unidos es el país más poderoso del mundo. ¿Cuál fue el país más poderoso en el siglo XIX? ¿y en los siglos XVI y XVII? En el futuro, ¿cuál será el país más poderoso?

FELIPE II (1527-1598)

Mira rápidamente el texto y **fíjate** en el tema principal de cada párrafo excepto el último (8).

___ Felipe II fue un hombre muy poderoso y muy solitario.

    ___ El Escorial es un palacio, un monasterio y mucho más.

___ El rey trabajaba mucho.

    ___ Para Felipe II el catolicismo fue fundamental.

___ Tuvo varias esposas y muchos hijos que murieron antes que su padre.

    ___ Felipe II fue rey de un vasto imperio.

___ Existen muchas opiniones negativas sobre Felipe II.

1 Felipe II fue monarca de un imperio que daba la vuelta al mundo: en las Américas desde la punta de Chile hasta Florida, incluyendo el Brasil; en el Pacífico poseía las Filipinas; en África era dueño de Angola y en Europa su imperio abarcaba España, los Países Bajos, Italia, Portugal y Sicilia. En el siglo XVI, Felipe II fue, sin duda, rey del país más poderoso del mundo.

2 A causa de su gran poderío, sus enemigos se dedicaron a calumniarlo[1]. Generaciones de historiadores protestantes, con un punto de vista particular, lo pintaron como un monstruo. Según ellos Felipe era una araña[2] negra en el centro de la tela; vivía encerrado en su celda en el Monasterio del Escorial; trabajaba día y noche para restablecer el catolicismo, para convertir a los pueblos americanos y para acapararse[3] las riquezas de todo el mundo. Decían que era capaz de matar a los suyos para conseguir este fin. Tomemos entonces esta caricatura para analizar quién fue realmente Felipe II.

---

[1] calumniar: *hacer una acusación grave y falsa contra alguien*
[2] araña: *insecto que segrega una substancia en forma de hilo del que se puede colgar y con el que fabrica la "tela de araña"*
[3] acaparar: *adquirir y acumular cosas en más cantidad de la que se necesita*

3 No cabe duda que el catolicismo fue una de las bases de su imperio no sólo porque él era un hombre devoto, un creyente que iba a misa todos los días, sino también por razones políticas. Una de sus obligaciones era defender el catolicismo donde existía e imponerlo donde faltaba. En el norte de Europa, luchó contra los protestantes, mientras

El Escorial

que en el Nuevo Mundo impulsó la conversión. Su visión religiosa no admitía ninguna otra religión y, durante su reinado, a los herejes les infligió pena de muerte.

4 Sus enemigos lo imaginan viviendo en El Escorial. ¿Por qué allí? El Escorial es la mayor de sus obras en arquitectura: es un monasterio, como también templo y palacio. El Escorial reúne las características de su persona: al igual que Felipe, es inmenso, imponente, grandioso, pero con una grandiosidad austera y con

La biblioteca del Escorial

gran cuidado por los detalles. El Escorial fue tanto su casa como su refugio, pues desde allí no sólo gobernaba el mundo, sino que, a veces, se escondía de él. El Escorial también ejemplifica los otros intereses de Felipe: su afán de coleccionista, su amor por el mundo natural y su enorme curiosidad intelectual. Hasta nuestros días se encuentran dentro del palacio sus colecciones de monedas, medallas, joyas, relojes e instrumentos musicales. Han desaparecido sus pájaros en jaulas doradas y los animales exóticos que instaló en uno de los primeros zoológicos del mundo. Sólo quedan, en parte, los bellísimos jardines donde se veían flores en todas las épocas del año. En El Escorial guardó su tesoro más preciado, sus libros, y estableció una de las mayores bibliotecas privadas del mundo. Hoy la biblioteca está tal cual, con los libros y el globo terrestre de Felipe II en su sitio.

5 Felipe II fue uno de los reyes más trabajadores de la historia. Tenemos miles de documentos que nos demuestran que el monarca se pasaba el día leyendo documentos y anotando minuciosamente en los márgenes sus comentarios, sus instrucciones y sus deseos. Sus enemigos lo describen trabajando, solamente con el fin de restablecer el catolicismo. En realidad, él gobernaba con una compleja estructura de catorce consejos aunque éstos no tenían ningún poder decisional. El deber de éstos era enviar sus recomendaciones, llamadas "consultas", para que decidiera el rey. En el siglo XVI, España era una monarquía absoluta y todos los poderes residían en el rey.

6 Durante los 55 años en que Felipe fue monarca del mayor imperio del mundo, sus flotillas trajeron toneladas de oro y de plata de las Américas. Gracias a este dinero, pudo dominar el mundo y luchar contra sus enemigos: por un lado los turcos, por el otro los holandeses y los ingleses. Sus enemigos lo retratan como una araña. ¿Por qué? Seguramente porque una araña lo caza todo en su red y ellos no querían encontrarse dentro de la red de Felipe II. Y, ¿por qué una araña negra? El rey, quien solía vestir de negro, fue un hombre de temperamento solitario.

7 Su vida familiar evoca otros tiempos. Sus matrimonios se hicieron en función de las necesidades imperiales, para establecer alianzas entre países. Así, su primer matrimonio fue con una princesa portuguesa, el segundo con la reina de Inglaterra, el tercero con una princesa francesa y el último con una princesa austriaca. Pero el elevado número de matrimonios no tiene razones políticas sino médicas. De sus cuatro esposas, tres murieron durante el parto[1] o inmediatamente después y de sus trece hijos solamente dos le sobrevivieron. Sus enemigos lo acusaron de ser capaz de matar a los suyos. En realidad, las muertes de sus mujeres e hijos fueron amargas desgracias que le causaron gran pena.

8 Hoy día, 400 años después de su reinado, ¿cómo debemos recordar a Felipe II? En aquella época, España era la primera potencia del mundo y él, su rey absoluto: austero, sobrio, solitario, religioso, dedicado a la burocracia y ante todo, poderoso.

Síntesis

Completa la siguiente oración.

Lo que a mí más me sorprende, lo que **más me llama la atención** es que Felipe II ...

_____

_____

---
[1] parto: *proceso por el que el feto sale de la cavidad uterina al exterior*

Comprensión del texto

Lee estos fragmentos de cartas y comentarios de Felipe II y sus contemporáneos y según la información en el **texto, decide** qué significan.

1. "Hasta agora (ahora) no he podido desenvolverme destos (de estos) diablos[1] de papeles, y aún me quedan algunos para la noche y aún llevo otros para leer en el campo adonde daremos una vuelta ahora."[2]

Las palabras de Felipe II significan:

___ a. que Felipe II gobernaba con una compleja estructura de consejos que trabajaban día y noche.

___ b. que los consejos producían consultas que él leía de día y de noche, tanto en su palacio como en el campo.

___ c. que él leía y anotaba sus documentos a toda hora y en todo sitio.

2. "Ante todo había que tener ante sí la devoción y el temor de Dios, de cuya mano ha de proceder todo bien."[3]

Según Felipe II:

___ a. Él iba a misa todos los días porque era muy devoto.

___ b. Para él no tenía ninguna importancia la religión de una persona. Lo que le parecía primordial era que la persona fuera devota y temiera a Dios.

___ c. La religiosidad es muy importante porque Dios determina nuestras vidas.

3. "Antes estábamos en un cabo[4] del orbe pero ahora en el centro de él."[5]

Esta oración de Hernán Pérez de la Oliva significa:

___ a. que los enemigos de España son más débiles que España.

___ b. que antes España era menos poderosa que en el tiempo actual.

___ c. que España es como la red de una araña pues está en el centro y es el imperio más fuerte.

---

[1] diablo: *demonio*
[2] Ricardo de la Cierva, *Yo, Felipe II*, Editorial Planeta S.A., Colección Memoria de la Historia 1989, p. 103.
[3] op. cit. p. 107, 108
[4] el cabo del orbe: *extremidad del universo*
[5] op. cit. p. 44, 45

4. "Ahora para España, y Su Majestad de allí, aunque reconocido como el monarca más grande de la cristiandad, si se investigara su estado, se encontraría que sus raíces son demasiado pequeñas para su frondosidad[1]."[2]

Francis Bacon dice que:

  ___   a. el dinero que Felipe II recibe de las Américas no es suficiente para todos los gastos que tiene.

  ___   b. Felipe II recibe suficiente dinero para luchar contra sus enemigos y dominarlos.

  ___   c. como su imperio es tan vasto, no tiene suficiente dinero para administrar las colonias americanas.

5. Después de la muerte de su hijo Diego (a los siete años), Felipe escribe a sus hijas mayores: "Es un golpe terrible, viniendo tan pronto como viene después de los demás, pero alabo a Dios por todo lo que ha hecho, sometiéndome a su divina voluntad y rezando para que acepte este sacrificio."[3]

  ___   a. Felipe ha sacrificado a su hijo Diego y espera que Dios acepte este sacrificio.

  ___   b. Diego ha muerto, al igual que los demás, pues en aquella época la medicina era poco eficaz.

  ___   c. Felipe se resigna a la muerte del niño.

Palacio Real, Madrid

---

[1] frondosidad (f.): *ramas y hojas de una planta o un árbol*
[2] J.H. Elliott, *España y su mundo.* Alianza Editorial, Madrid 1990, p. 9
[3] Ricardo de la Cierva, *Yo, Felipe II*, Editorial Planeta S.A., Colección Memoria de la Historia, 1989, p. 161.

Vocabulario

A. Madrid, la capital nueva

Escoge la palabra correcta.

monarcas	monarquías	monárquicos

1. Antes de la época de Felipe II la capital del país fue Toledo. Allí los Reyes Católicos, Fernando e Isabel, _____ que vivieron un siglo antes que Felipe II, establecieron su corte.

burocrática	burocracia	burócrata

2. En el año 1561, Felipe II decidió establecer su corte en Madrid y creó una capital _____ para un imperio universal.

imperial	imperio	imperiales

3. Fue necesario crear una capital para poder administrar y ser la cabeza de un _____.

corte	cortés	cortesanos

4. La ciudad que había sido apenas una aldea, ahora sede de _____ y burócratas, creció vertiginosamente.

beneficiar	beneficios	beneficiamos

5. Los _____ del imperio se concentraron en forma desproporcionada en dos ciudades, Sevilla y Madrid.

B. Expresiones con pena

Primero, **encuentra** el significado de estas expresiones;
luego, con tres de ellas, **escribe** una oración completa.

__ 1. ¡Ay qué pena!
__ 2. vale la pena
__ 3. pena de muerte
__ 4. pena profunda
__ 5. a duras penas
__ 6. ahogar las penas

a. olvidar la angustia con alegría ficticia, como emborrachándose
b. condena a ser ejecutado
c. aflicción tan intensa que no se puede apartar u olvidar
d. exclamación frecuente de lástima; por ejemplo por la muerte de alguien
e. acción que se realiza con gran dificultad
f. cosa o acción que tiene mérito o valor

1. _____

2. _____

3. _____

Gramática

El **imperfecto del subjuntivo.**

El **tiempo** en la cláusula principal determina el tiempo del verbo en subjuntivo.

Con: el presente
       el futuro
       el presente perfecto (pretérito perfecto)
       el imperativo
            empleamos el **presente del subjuntivo**

Con: el imperfecto
       el pretérito
       el pluscuamperfecto
       el condicional
            empleamos el **imperfecto del subjuntivo**

El imperfecto: Felipe II **mandaba** que le **trajeran** oro y plata de las Américas.

El pretérito: Felipe II **mandó** que le _____ (construir) El Escorial.

El pluscuamperfecto: Felipe II **había mandado** que le _____ (plantar) bellísimos jardines.

El condicional: Felipe II **mandaría** que le _____ (comprar) libros en todos los países del mundo.

Oral (en parejas)

A. Adivina, adivinanza

Las Filipinas se llaman así en honor a una persona. ¿Quién?

B. Semejanzas y diferencias

Mientras que nosotros vivimos en una época que se caracteriza por la transmisión casi instantánea de la información, en la época de Felipe II una carta de Madrid a Bruselas o Milán tardaba por lo menos dos semanas; una carta de Madrid a México, dos meses y, de Madrid a Manila, capital de las Filipinas, un año.

Hagan tres listas:

Lista 1.   Seis medios de comunicación hoy en día.

Lista 2.   Tres ventajas de transmitir rápidamente una noticia.

Lista 3.   Tres desventajas de transmitir rápidamente una noticia.

Ejemplo (Lista 3): Matan a un individuo de una forma grotesca y dramática; lo muestran en la televisión y varios otros lo imitan.

Composición

Tú vives en la época de Felipe II. Puedes ser pobre o rico, puedes vivir en la ciudad o en el campo. Cuéntanos tu vida.
¿Quién eres? ¿Qué haces? ¿Dónde vives? ¿Quiénes son tus amigos y tus enemigos? ¿Cómo es tu familia? ¿Siempre has vivido en el mismo sitio o has viajado por el imperio español? ¿Has sufrido? ¿Por qué?

SEGUNDO TEXTO EL SIGLO DE ORO

Hablar del Siglo de Oro corresponde a una doble realidad: poderío político y grandes creaciones literarias y artísticas. Mientras que Cervantes ocupa la cumbre[1] de la prosa narrativa, Lope de Vega ocupa el puesto análogo en el teatro español y Velázquez en la pintura.

Miguel de Cervantes fue soldado en el ejército de Felipe II y participó en el mayor triunfo de su reinado, la batalla de Lepanto. En ésta el imperio español derrotó a los turcos. Y mientras que los turcos perdieron gran parte de su flota, Cervantes sufrió dos heridas y, según la leyenda, perdió el uso de la mano izquierda. Luego, en el camino de vuelta a España, su galera fue apresada por piratas y él pasó cinco años de cautiverio en Argel. Los doce años que Cervantes pasó fuera de España, siete en Italia y los otros cinco como prisionero, fueron decisivos. Volvió a España, cargado de experiencias que aparecen a lo largo de su obra.

Mientras que Cervantes participó en el mayor triunfo de Felipe II, Lope de Vega fue testigo del primer golpe que recibió el imperio español, la derrota de la Armada Invencible. Mientras que la nave donde se encontraba se dirigía hacia Inglaterra, él escribía unos versos. Pero en Madrid, la nueva capital, fue donde Lope de Vega vivió sus grandes aventuras amorosas y escribió sus obras. En Madrid había cortesanos y mendigos, gentes de Iglesia y rufianes. Lope de Vega no sólo participó en el mundo de los cortesanos y gozó de gran popularidad, sino que también tomó estímulo allí. ¿Dónde habrá encontrado el tiempo para tantas aventuras amorosas y para una producción literaria tan grande tanto en teatro como en poesía?

El Siglo de Oro es una larga época que algunos sitúan entre 1500 y 1680, y otros, más fieles al significado literal de la palabra "siglo" entre 1550 y 1650. Los años 1550 a 1650 no corresponden a la época del poderío político español (reinado de Carlos V y parte del de Felipe II), sino a un período de auge artístico y literario. Durante el llamado Siglo de Oro, España está en la cima de la creación artística y literaria, pero política y económicamente, el imperio español está debilitándose. La influencia artística española se extendió por todos los países europeos y todas las colonias españolas, ya que sus pintores y escritores fueron grandes tanto en cantidad como en la calidad de su producción artística.

---

[1] cumbre (f.): *punto culminante*

Comprensión del texto

Tanto Cervantes como Lope de Vega son ejemplos de la relación entre vida y arte, entre la experiencia y la invención poética.
En tus propias palabras explica por qué.

_____

_____

_____

Vocabulario temático:
imperio
¿Puedes añadir palabras?

austero	ministro	reina
consejo	poder	reinar
coronar	poderoso	religioso
democracia	princesa	rey
majestad	príncipe	sobrio
monarca	real	solitario
monarquía		

Navegando por la Red
Si deseas más información, consulta:

1. **Esposas de Felipe II:** María de Portugal, María Tudor, Isabel de Valois, Ana de Austria

2. **Guerra:** La batalla de Lepanto, la Armada Invencible

3. **Autores:** Miguel de Cervantes, Lope de Vega; Calderón de la Barca, Siglo de Oro

4. **Reyes:** Isabel la Católica y Fernando de Aragón, Carlos V (Carlos I de España, padre de Felipe II), Felipe II, III, IV, Alfonso XIII, Juan Carlos I; Casa de los Habsburgo, de Borbón; Nobles: duque de Alba, conde-duque de Olivares

5. **Política:** Inquisición

6. **Arquitectura:** El Escorial

Pre-lectura: ¡España país de pintores! Recuerda los nombres de algunos grandes pintores. ¿Son pintores modernos o antiguos? ¿Sabes cuáles vivieron durante el Siglo de Oro?

DIEGO VELÁZQUEZ: *LAS MENINAS*

Mira el cuadro con gran atención.

Diego Velázquez

José Nieto Velázquez

Marcella de Ulloa

Diego de Azcona (?)

Nicolás Pertusato

Mariana

Felipe IV

Museo del Prado, Madrid

María Agustina Sarmiento

Margarita

Isabel de Velasco

Maribárbola

1 Este cuadro es una escena familiar, una escena íntima de la vida en la corte del nieto de Felipe II, Felipe IV. En la escena aparecen el rey, la reina y su hija de cinco años, como también otros personajes de la Casa Real.

2 ¿Quiénes son? Para empezar a la izquierda, de pie, está el autorretrato[1] del pintor, Diego de Velázquez (1599-1660). Él va muy bien vestido de negro y en el centro de la camisa lleva la cruz de la Orden de Santiago que, según la leyenda, pintó el mismo rey. Velázquez está en actitud de pensar y contemplar; pero un momento, ¿a quién mira Velázquez?

3 La Infanta Margarita, la pequeña niña rubia con el elegante vestido color crema, está en el centro del escenario. Su ropa refleja su grandeza y su mirada seria, su petulancia infantil. ¿A quién mira la niña? Mira hacia el observador. ¿O acaba de[2] entrar en el estudio de Velázquez seguida por su pequeña corte de damiselas y enanos[3]?

4 A los dos lados de Margarita están sus dos meninas, quienes dan el nombre al cuadro. (*Menina* en portugués significa 'doncella de honor'.) A la izquierda, de perfil, está la menina María Agustina Sarmiento. Ella ofrece una jarra, hacia la cual Margarita tiende la mano derecha. La segunda menina, Doña Isabel de Velasco, a la derecha de la niña, se inclina levemente para mostrar su respeto.

5 Los dos enanos Maribárbola y Nicolás Pertusato están a la derecha del cuadro. Maribárbola tiene una cabeza grande y un cuerpo pequeño pero el segundo enano, Nicolás de Pertusato, con el pie izquierdo sobre un perro que duerme, está tan bien proporcionado que más parece un niño. Los dos enanos vivían en el palacio y formaban parte de la corte de Felipe IV, según la antigua costumbre de tener en palacio a personas con deformaciones físicas pero con talento. Velázquez, quien también vivía en el palacio, llegó a conocerlos bien y en el cuadro muestra su comprensión y simpatía por ellos.

6 Detrás de los enanos se encuentran dos sirvientes más. Doña Marcella de Ulloa es una dama de la reina y junto a ella, un sirviente que algunos han identificado como Diego de Azcona. Detrás de ellos, en la escalera que sale de la habitación, vemos a Don José Nieto Velázquez, importante oficial de la corte, vestido de negro, con el sombrero en la mano.

---

[1] autorretrato: *pintura de sí mismo, de su propia persona*
[2] acaba de: *en este momento*
[3] enano: *persona anormalmente pequeña*

7 Pero, ¿a quién miran todos? Tal vez miran a las dos figuras que se encuentran reflejadas en un espejo¹ detrás de la Infanta Margarita. Ellos son el rey Felipe IV y la reina Mariana, quienes están exactamente en el lugar donde se encuentra la persona que mira el lienzo². ¿Son ellos quienes observan la escena? ¿O son ellos los modelos para el lienzo que está pintando Velázquez? No lo sabemos.

8 Puede ser que la habitación sea el estudio de Velázquez en el palacio. En sus paredes hay otros lienzos que los investigadores, después de mucho trabajo, han podido identificar. La luz cae en el espejo donde vemos a los reyes y se refleja por la habitación dando realidad a los personajes y creando sombras. Es esta dimensión de luz y sombra la que da unidad al cuadro y clarifica las relaciones entre las personas.

Vocabulario

A. La pintura

la luz	el pintor	el autorretrato
la sombra	el lienzo	el cuadro
la colección	el modelo	

Llena los espacios con las palabras arriba mencionadas.

Cuando visites El Prado, verás que este museo tiene la mayor _____ de _____ de Velázquez del mundo. Verás los primeros, que pintó en su ciudad natal de Sevilla, y la gran mayoría que hizo como _____ oficial del rey entre los años 1623 hasta su muerte en 1660. Las salas dedicadas a Velázquez te permitirán ver su producción artística total, no sólo sus cuadros de la familia real como *Las meninas*, sino también sus cuadros históricos y religiosos, sus cuadros mitológicos, sus vistas y algunos _____ (pinturas de sí mismo).

B. ¿gran o grande(s)?

Las meninas es un cuadro muy 1. _____: mide 310 x 276 centímetros.

Es un 2._____ cuadro, tal vez uno de los más 3. _____ de la pintura española.

C. La guerra: el pacifismo en la pintura

la batalla	la vida (vivir)	el ejército³
las armas	la muerte (morir)	el soldado
la guerrilla		

---

¹ espejo: *superficie brillante que refleja las imágenes*
² lienzo: *tela sobre la cual el pintor pinta su cuadro*
³ ejército: *fuerzas militares de un país*

Dos cuadros de Francisco de Goya (1746-1828)

El 2 de mayo de 1808

Museo del Prado, Madrid

Este cuadro nos muestra una batalla que ocurrió el 2 de mayo de 1808, en pleno centro de Madrid. Aquel día, los madrileños se enfrentaron a soldados del ejército de Napoleón. En la parte que atrae nuestra atención, vemos una batalla feroz, mientras que la parte trasera del cuadro es tranquila. Los colores de este cuadro son tan brillantes e intensos que la persona que mira el cuadro se siente dentro de la misma batalla. Goya nos muestra el heroísmo de los ciudadanos mal equipados, en un momento lleno de movimiento y de gritos.

Fusilamientos de la Moncloa – El 3 de mayo de 1808

Museo del Prado, Madrid

El día siguiente, el 3 de mayo, se viven las consecuencias de la batalla del día anterior. El comando francés dio órdenes de matar a todos los civiles que llevaban armas y se congregaban en grupos de ocho o más personas. Al igual que en el cuadro anterior, Goya nos muestra de forma realista a hombres que están a punto de morir. Vemos sus caras, y en ellas vemos las diferentes formas de enfrentar la muerte. Pero los que matan no tienen caras porque la sangre, la violencia y la muerte no les toca. Goya nos indica así su impresión de que matan fríamente. Aquí no hay gritos; sólo hay el terrible silencio de la muerte.

Oral (En parejas)

1. Un estudiante explica un cuadro de Goya y luego el otro estudiante explica el segundo. Indica la posición de todas las personas y las cosas. Utiliza adjetivos (grande, pequeño) para describir estas personas y cosas.

2. Describe y comenta las dos caricaturas.

-Hay días en que no se le ocurre a uno nada...

-¡Esos ruidos otra vez!

Composición

Describe un cuadro. Escoge entre los dos de Goya y el Guernica de Picasso. Indica la posición de todas las personas y las cosas. Utiliza adjetivos para describir estas personas y cosas.

Vocabulario temático
¿Puedes añadir palabras?

Pintura			Guerra
arte	galería de arte	pintar	armas
artista	lienzo	pintor	batalla
autorretrato	luz	pintura	ejército
colección	modelo	sombra	general
cuadro	museo		guerrilla
dibujo	obra		muerte (morir)
			soldado
			vida (vivir)

Navegando por la Red
Si deseas más información, consulta:

1. **Pintores:** El Greco, Ribera, Murillo, Zurbarán, A. Cano, Velázquez, Goya, Dalí, Picasso, Sert, Solana, Gris, Miró, Tapies, Saura, Chillida

2. **Museos españoles:**
   Madrid: El Prado, Centro de Arte Reina Sofía, Museo Thyssen-Bornemisza, Museo Palacio Real, Museo Arqueológico Nacional, Museo Lázaro Galdiano, Museo Sorolla
   Toledo: Casa / Museo de El Greco, Museo Santa Cruz
   Barcelona: Museo Frederic Marés, Museo Nacional de Arte de Cataluña, Museo Arquelógico, Museo de Arte Contemporáneo, Fundación Antoni Tàpies, Palacio Real Mayor, Fundación Joan Miró, Museo Picasso
   Valencia: Museo de Cerámica, Museo San Pio V
   Bilbao: Museo Guggenheim

SEGUNDO TEXTO PABLO PICASSO: *GUERNICA*

El 26 de abril de 1937, Guernica, pequeña ciudad del norte del país, fue bombardeada desde la tarde hasta la noche. Aquel día era lunes, día de mercado y había mucha gente en el centro de la ciudad. De los casi 7.000 habitantes de Guernica, 1.654 murieron y 889 fueron heridos.

En este cuadro no hay un enemigo, pues son las víctimas el objeto del cuadro. El dolor y el horror del artista, los gritos y la agonía de las víctimas están representados en el cuadro. Con este cuadro se pueden identificar todos, los que combatieron por un lado o el otro durante la Guerra Civil española, o las víctimas de cualquier otra guerra.

No es un cuadro descriptivo; el cuadro es un electrochoque. Fue el espanto del pintor Picasso que se transformó en cuadro. Guernica es un grito contra la violencia y la muerte; es un símbolo de la muerte moderna. Todo grita: la luz eléctrica, las personas, el caballo.

Tanto el pintor como el cuadro de Guernica vivieron en el exilio: Picasso en Francia, el cuadro en los Estados Unidos. El cuadro llegó a Nueva York en 1939, al Museo de Arte Moderno de Nueva York, y sólo pudo volver a España, según los deseos dispuestos por su autor, cuando la democracia fue restituida. Guernica volvió a España el 10 de septiembre de 1981 cuando los herederos de Picasso juzgaron que ya no había obstáculo. Hoy, tanto el cuadro como los bocetos[1] se encuentran en Madrid en el Centro de Arte Reina Sofía.

---

[1] boceto: *ensayo que hace un artista antes de empezar la obra*

Centro de Arte Reina Sofía, Madrid

Responde con oraciones completas.

1. Hay dos animales grandes en el cuadro. ¿Cuáles son? _____
   _____

2. A la izquierda del cuadro, en el centro, una mujer está gritando desesperadamente.
   La razón por la que grita está en sus brazos. ¿Qué es y cómo está? _____
   _____

3. Arriba, a la derecha del cuadro, otra mujer grita desesperadamente, con los brazos
   estirados hacia arriba. ¿Qué ves en el techo de su casa, en la forma de su pelo y en
   la madera que forma su cuerpo? _____
   _____

4. A la izquierda, abajo, está el único hombre del cuadro. ¿Qué lleva en la mano? ¿Está
   vivo o muerto? ¿Cómo lo sabes?_____
   _____

5. Entre las cabezas de los dos animales grandes hay otro animal. ¿Qué es y qué
   simboliza? _____
   _____